Clara Viebig

Novellen aus Trier und dem Moselland

Rhein-Mosel-Verlag
Brandenburg 17 D-56856 Zell/Mosel
Tel. 06542/5151 Fax 06542/61158
www.rhein-mosel-verlag.de

ISBN 978-3-89801-122-8
Ausstattung: Stefanie Thur
Titelbild: Clarkson William Stanfield
»Trier, Hauptmarkt, Steipe und Brunnen«
Korrektorat: Melanie Oster-Daum, Peter Kämmereit

Clara Viebig

Novellen aus Trier und dem Moselland

Mit einem Vorwort des Herausgebers
Peter Kämmereit

RHEIN-MOSEL-VERLAG

Clara Viebig: Wie ich schreibe

»Ich arbeite schwer und bin nicht leicht zufrieden mit dem, was ich schreibe. Jeder Schaffende wird immer wieder und wieder feilen und bessern, bis er schließlich die endgültige, allein mögliche Form gefunden hat. Ich arbeite nicht mit dem Auge, sondern mit dem Ohr. Auf jeden Tonfall kommt es mir an. Das Musikalische des Stils bestimmt meine Arbeitsmethode.

Erst wenn ich durch stetes Bessern, Weglassen, Zusetzen, Verschieben die Form gefunden zu haben glaube, die die letzte, die beste ist, dann gehe ich ans Diktieren der Reinschrift. Und auch beim Diktieren hilft mir das Ohr zu weiteren, letzten Verbesserungen, nicht zu den allerletzten.«

Aus Uhu. Das Ullstein Magazin, Berlin 1925

Inhalt

Vorwort des Herausgebers

»Was, Sie kennen den Markusberg nicht?«, war die verwunderte Reaktion eines Kursteilnehmers an der Universität Trier während einer Veranstaltungsreihe zu Clara Viebig. So erfuhr ich erstmalig, dass diese herrliche Novelle in Trier, dem Geburtsort der Dichterin spielt. Obwohl diese Novelle 1898, also noch ganz am Anfang ihrer schriftstellerischen Karriere, in der Zeitschrift »Die Wage« erschien, zeugt sie bereits von großem Können. Viebig war dennoch mit dem Text nicht ganz zufrieden gewesen. Davon zeugt ihre handschriftliche Überarbeitung, der auch die Druckfassung dieses Novellenbandes entspricht. Wir erhalten so eine Kostprobe ihrer Arbeitsweise, von der sie auf Seite 5 dieses Buches berichtet.

An den erwähnten Literaturkurs wurde ich noch einmal während eines Klinikaufenthalts in Trier täglich erinnert, denn von meinem Fenster aus konnte ich den Ort der Handlung, die Kapelle am jenseitigen Moselufer, sehen. Dem mit der Örtlichkeit nicht vertrauten Leser bleibt nämlich Trier als Ort der Handlung verborgen.

Die Novelle »Vom heiligen Markus« fand in keinem ihrer Novellenbände Aufnahme, was möglicherweise mit der kritischen Haltung zu erklären ist, die die katholische Kirche zu Viebigs als unmoralisch angesehene Dichtkunst einnahm.

Zwei Episoden mögen dies noch unterstreichen: Als eine ältere Bewohnerin aus dem oberhalb von Bad Bertrich gelegenen Hontheim gebeten wurde, doch einmal im Clara-Viebig-Pavillon zu einer Lesung zu kommen, wies diese einen solchen Gedanken mit den Worten »gehen Sie mir nur mit der Viebig weg« schroff ab, hatte aber noch nie etwas von Viebig gelesen. Und eine Fabrikinhaberin aus Dreis erzählte mir, dass sie als junges Mädchen ein Viebig-Buch heimlich aus dem Bücherschrank des Vaters nehmen musste, weil der ihr die für unmoralisch angesehene Lektüre nicht erlaubt hatte.

Wohl ist Viebigs Werk dann später in höchsten katholischen Kreisen akzeptiert worden, denn in einem Interview, das der

Kölner Erzbischof Frings einer Zeitung gab, äußerte er »ich las Viebig«.

Mit einer anderen Erzählung aus dem Jahre 1930, »Das Karusellpferd«, verknüpft Viebig die Mosel mit Berlin, der Stadt, in der sie bis zu ihrem Tod fast 70 Jahre gewohnt hatte. Eine heitere Erzählung, in der frühe Kindheitsfreuden wieder zum Erwachen kommen. Auch dieses Fundstück ist in keinem ihrer Novellenbände enthalten, damit auch eine Wiederentdeckung.

Von der Frömmigkeit der Eifeler zeugt die Novelle »Margrets Wallfahrt« und Heimatverbundenheit ist wohl die eigentliche Botschaft der Novelle »Der Pündericher Jusep«. In der Novelle »Josepha Sewenich« sind Liebe und Ablehnung die herrschenden Gefühle, die schließlich in die Katastrophe führen. In den geschichtlichen Fokus der Rheinlandbesetzung durch Frankreich in den 1920er Jahren rückt Viebigs Novelle »Heinrich Feiten«: Tiefer Hass für ungesühntes Verbrechen vermögen es hier dennoch nicht, Rache an den Besatzern zu üben.

Trotz des von ihr beklagten Verlustes ihrer geliebten Heimat hat Viebig, gegen den damaligen Zeitgeist, in ihren Novellen stets das zutiefst Menschliche in den Vordergrund gestellt und damit nie Hassgefühle gegen das Nachbarland bedient. Wohl deshalb konnten Viebigs Werke auch in Frankreich erscheinen.

»Ech wallfaohren aach«, hatte in der Novelle »Die Heimat« der Lippi mit fester Stimme geäußert, als ihm die Krankenschwester im Landarmenhaus von Trier den Blick vom Fenster zur Mariensäule auf dem Markusberg wies. Pflege- und betreuungsbedürftig hatte die Eifelgemeinde Bad Bertrich ihn hier gut versorgt gedacht, er aber verzehrte sich voller Sehnsucht nach seiner Eifelheimat und machte sich noch einmal dorthin auf den Weg.

Häufig hat Viebig Kranke, Behinderte und Benachteiligte in den Fokus ihres Schaffens gerückt. So auch ein schwerst missgebildetes Kind in der Novelle »Das Miseräbelchen«. Die alleinstehende Mutter muss es, während sie ihrer Arbeit nachgeht, im Haus verwahren. Aber Nachbarskinder kümmern sich liebevoll um das Kind und verschönern seine Tage.

In der Novelle »Brummelstein« hat die Tochter der so genannten, geistig verarmten Frau in ihrem jungen Leben nie Mutterliebe erfahren können. Erst als sie fern der Heimat von deren Tod erfährt, erkennt sie den Verlust und begreift nun, dass die Mutter auch ihrer Obhut bedurft hätte.

Den Abschluss dieser der Stadt Trier und dem Moselraum gewidmeten Zusammenstellung des Schaffens der Dichterin bildet die Wiedergabe des ersten Kapitels des Romans »Unter dem Freiheitsbaum«, das die Lebensumstände für die Einwohner Triers während der Besatzungszeit in Folge der französischen Revolution schildert.

So vereinigt sich Ernstes und Heiteres, Tragisches und Besinnliches in diesem Erzählband, der Viebigs novellistisches Schaffen wieder zu Ehren kommen lässt.

Peter Kämmereit, Juni 2018

Die drei Brauten

Ich soll etwas von mir selber erzählen, gleichsam in den Spiegel schauen, und, wie ich mich darin sehe, ehrlich beichten – es fällt mir schwer. Denn so ein einfaches Frauenleben, das am liebsten zwischen den Wänden des eigenen engumhegten Heimes dahinfließt, was kann das wohl an reichen Bildern zeigen?! Es wirft nicht Glanz noch Schimmer ins Spiegelglas; es gleicht der Flut in einer friedvollen Bucht, an der der müde Mann gerne sitzt und ruht und lachende Kinder spielen.

Und das was meine Augen nachdenklich gemacht hat und meinen Mund, trotzdem er ganz herzlich lacht, ernst, das was ich innerlich erlebt, das steht ja alles in meinen Büchern; denn welcher Autor spänne nicht eigenen Faden auf seinem Webstuhl und knüpfte diesen an fremde Fäden an und schlänge ineinander und durcheinander, bis daß er selbst nicht mehr weiß, wo Eigenes aufhört und Fremdes anfängt.

Also von mir möchte ich nicht reden, wohl aber von dem, was meinem Herzen teuer ist: von meiner Heimat. Vielmehr: von meinen Heimaten. Mir geht's, wie es Onkel Bräsig ging – ich habe »drei Brauten«. Und wie ein Mann um die Liebste wirbt, so werbe ich um die drei; aber welche von ihnen meine Madame Nüßlern ist, die Heißgeliebteste und Ewiggeliebte, das verrate ich nicht. –

Ich sehe in den Spiegel – – – da fließt klar und leise die liebe Mosel! Wie ein blaues Band schlingt sie sich grünen Bergen eng um die Füße, im schwärzlichen Schiefergestein wachsen Reben, Stock bei Stock, dicht gesetzt, wie im Plattland die Kartoffeln. Weiße Städtchen hüben und drüben, in denen der Frühling früher und goldner einzieht als anderswo, in denen großdoldiger lila Flieder in Bündeln über bunte Gnadenbilder hängt und tiefbrauner Goldlack und rote Federnelken – alles Farbe, alles Duft.

Und hinter den lachenden Rebenhügeln tauchen die runden Eifelkuppen auf, steil führen die Pfade hinan. Die Ebereschen, die den Chausseerand säumen, lassen weiße Mooszipfel im rauen Regenwind flattern, ernste Maare ruhen schweigend im vulkanischen Bett, endlose Wälder schlagen die dunklen Wogen um einsame Dörfer, verlorene Heiden träumen im blendenden Sonnenglanz. Jungfräuliches Land noch, das im Dornröschenschlaf des erlösenden Kusses harrt – weltenfern, weltenweit das rührige Leben. Nur Kirchenglocken dröhnen durch die Stille, und der herbe Eifelwind trägt diesen einzigen Klang hierhin und dorthin, allüberall hin.

Die Glocke mit der mächtigsten Stimme hängt zu Trier; da ruft sie vom Dom, eine beredte Zeugin der uralt-eingesessenen, siegreichen Kirche. Und doch ist's nur ein Katzensprung von da zur Porta Nigra; Christentum und Heidentum treten sich in Trier fast auf die Füße. Ich habe mir just den schönsten Winkel der ganzen schönen Rheinlande zum Geborenwerden ausgesucht. In Trier, unweit der »Poort«, wie das Römertor im Volksmund heißt, stand meine Wiege; sie schaukelte im Takt mit den frommen Kirchenglocken, ich schlummerte süß bei deren Schall, und doch war ich ein Ketzerkind.

Meine Amme, die schwarze Anna, war eine echte Tochter der Eifel. Als sie in meiner Mutter Wochenstube, hinauf in den ersten Stock, geführt wurde, traute sie sich dort nicht von der Türe fort; es war nicht ländliche Schüchternheit, wie man anzunehmen geneigt war. Die schwarze Anna hatte noch niemals ein Haus mit mehreren Etagen betreten; nun, da die Dielen unter ihren Nagelschuhen knarrten, fürchtete sie, durchzubrechen, und zitterte für ihr Leben. Auch von der Reinlichkeit hatte sie merkwürdige Begriffe; es dauerte eine ganze Weile bis man ihr abgewöhnte, auf einen Zipfel der Windel zu spucken und hiermit ihrem Pflegling das Gesichtchen zu waschen.

Mit der trefflichen Milch dieser schwarzen Anna habe ich schon die Liebe zu meiner ersten Braut eingesogen. Tief, tief bis ins Innerste erfüllt die mich, zäh ist sie mir im Herzen eingewurzelt, wie eine starke Tanne im Eifelforst, fest ist sie, wie der festeste Stein der heimatlichen Felsen. Und wenn ich so ganz still für mich sitze, dann glaube ich oft die Glocken des uralten, heiligen Römertrier zu hören, wie sie voll und sonor über die uralte und doch jugendschöne Mosel schwingen und in den Eifelbergen verhallen. Ich höre sie, wo ich auch bin; ihr Klang kommt mir nicht aus den Ohren. Immer wieder rufen sie mich, Jahr um Jahr; ich glaube, sie läuten mir auch bis zum Ende. –

Da ich anfing die Schule zu besuchen, wurde mein Vater als Oberregierungsrat nach Düsseldorf versetzt. Das war eine Veränderung! Von der sanftgleitenden Mosel zum breitflutenden Rhein, aus der Stille des kleinen Trier, wo das Gras zwischen den Pflastersteinen wächst, in das heitere Leben der eleganten Gartenstadt!

Und doch war es noch nicht das schnellwachsende, großstädtische Düsseldorf der letzten anderthalb Jahrzehnte; man kannte noch jeden, der in der Straße wohnte. Man lief Stelzen und sprang Seilchen vor der Haustür, man kletterte über Gartenmauern und prüfte des Nachbars Birnen; man machte im Abenddunkel »Schellemännkes« und lauschte klopfenden Herzens, glühend vor Aufregung hinter dem nächsten Hausvorsprung auf das Schelten der Magd, die , wütend über das Reißen an der Klingel, öffnete, und, fand sich niemand draußen, noch wütender zukrachte.

Noch flutete der Rinnstein neben dem Trottoir, der hochgeschossene Backfisch hat verschiedentlich nähere Bekanntschaft mit ihm gemacht, wenn er, entrückten Blickes in die Luft starrend, sich ein märchenhaftes Glück der Zukunft zurechtphantasierte.

Und all die Feste! St. Martins-Abend – »Lustig, lustig, trallerala, heut ist Martins Abend da!« – die ganze Stadt roch nach Puffertkuchen und wimmelte von Kürbissen und bunten Laternen. Keine Eltern so arm, dass sie ihrem Kind nicht ein buntes Papierballönchen gekauft hätten, in dem das Kerzchen flackerte. Und die Weckmänner auf St. Nikola, Korinthenaugen hatten sie und eine Tonpfeife im breiten Maul! Die Bratäpfel und Kastanien, die in der Herdröhre zischten und knackten, wenn der erste Schnee fiel! Das Suchen nach Sauerampfer und Veilchen auf den Hammer Wiesen! Das Rheinbaden in der primitiven Bretterbude an heißen Sommertagen! Und nicht zu vergessen: das Grundwasser, wenn der Rhein hoch ging!

Was den Ältern höchsten Ärger schaffte, war uns Kindern höchste Wonne. Eine dunkle Flut schwamm im Keller, wir mitten auf dem Weltmeer in einer Bütte, Holzscheite die Ruder; Robinson war nichts gegen uns. Und wenn gar der Rhein unterm Zolltor durchlief, die Straßen der Altstadt überflutete, dem alten Jan Willem auf dem Markt die Füße wusch, die Bewohner der anliegenden Häuser in die oberen Etagen jagte, wenn kreuzende Kähne die Flüchtlinge durch Eimer an der Stange mit Speise und Trank versorgten, dann kannte unser Jubel keine Grenzen.

Und noch lacht mir das Herz, wenn ich der Freuden gedenke, die, zwölf Jahre hindurch, die zweite Braut mir bot. Es ist mein Wunsch, dies heitere Bild Düsseldorfer Lebens in einem nächsten Roman festzuhalten.

Mein lieber Vater starb; ich war eben erwachsen, das Bisherige trat zurück. Meine Eltern stammen beide aus der Provinz Posen, daher, wo man sich, wie man in dem von der Natur so bevorzugten Rheinland denkt, Hasen und Füchse Gutenacht sagen. Da kam ich nun hin.

Eisenbahn gab es nicht bis zum Gut der Verwandten, der Wagen wartete auf der kleinen Station; endlos gings durch Sand und Korn und Rübenfelder, und weiter durch Rübenfelder, Korn und Sand. Rebhühner schwirrten auf, wenige Dörfer zeigten sich, die Räder holperten in ausgefahrenen Landweggeleisen, und der Himmel stülpte sich über das flache Land, wie eine Glasglocke über den Teller.

Hier soll ich bleiben?! Fast wars ein Angstruf.

Und doch, wie schön ist auch dieses flache Land! Inseln gleich liegen die Gutshöfe im Meer der Felder, abgeschlossenen Reiche für sich, jeder Gutsherr ein König.

Weit schweift der Blick über die nährende Erde: hier wächst unser Brot. Goldenen Ähren wiegt der Sommerwind, der Kiefernwald blaut in der Ferne; am Horizont der Ebene sieht man die Sonne aufsteigen und versinken, rosige Wolken schwimmen im verklärten Glanz.

Meine dritte Braut ist keine Schönheit auf den ersten Blick, man muß sie näher kennen lernen. Und das habe ich getan. Polnisch und deutsch hat sie zu mir gesprochen. Die, freilich nur unoffiziell geschwungene Peitsche mit den verknoteten Lederriemchen, die so empfindlich die gebückten Rücken der Polaki trifft, habe ich ebenso gut kennen gelernt, wie das gütig-patriarchalische Regiment, das noch auf dem, weit über hundert Jahre der Familie gehörenden, deutschen Stammgut geführt wird.

Die Kosiniery in Schlapphut und rotem Hemd traf ich im Feld und auch die deutschen Schnitter; fröhliche und verdrossene, aufrührerische und zufriedene, stupide und intelligente Arbeiter sind an mir vorübergezogen. Die Zeit ist mir nie lang geworden. Man bangt vor dem Gewitter und ersehnt tränkenden Regen für das verdorrte Land, man gramt sich wegen der Disteln im Acker und jauchzt jedem glücklich eingebrachten Fuder zu. Die Erntekrone wird dem Herrn vors Haus gebracht, »Nun danket alle Gott!« erklingt es von unmelodischen Stimmen; gleich darauf quiekt die Fiedel und parpt die Harmonika, der Knecht schwingt die Magd auf der Tenne im Erntetanz, derweil die Alten trinken.

Ich aber schlich mich von dannen, hinter die Scheuer und weiter über die Äcker bis in den blauen Kiefernwald. Da blieb ich stehen im Heidekraut. Harziger Duft umschwebte mich wie eine Wolke, und in der Wolke kam ein Gruß jener anderen Kiefern, jener rotstämmigen, knorrigen Gesellen, die auf Eifelheiden wachsen. Natur ist immer verwandt, und Bauer ist Bauer, und Mensch ist Mensch. –

In West und Ost und am Niederrhein wohnen so meine drei Brauten. Einer jeden von ihnen gehört mein Herz, einer jeden danke ich viel Glück, allen zusammen aber mein Höchstes – meine Kunst.

Drei Brauten – und wenn ich's recht bedenke, bin ich Bräsigen doch noch über, ich habe eigentlich vier. Die vierte Braut ist Berlin. Aber nein, was sage ich denn?! Keine Braut! Mit Berlin bin ich – verheiratet!

abgedruckt in:
»Das literarische Echo«, 3. Jg. 1900/01, Sp. 313-316

Vom heiligen Markus

veröffentlicht in »Die Wage« Heft 40, 1898

C. Viebig (Berlin).

Vom heiligen Markus.

Der Weg war sehr steil von der Mosel herauf zum Markusberg. Mancher Schweißtropfen fiel auf den rothen Sandstein, und Seufzer, die wie unterdrücktes Fluchen klangen, mischten sich mit dem Gebetgemurmel und dem Geprassel der abwärts rollenden Steinchen unter nägelbeschlagenen Schuhen. Die Luft war still, Die Hitze so stechend, wie sie nur die Frühlingssonne im ersten Feuereifer ausbrütet.

Schneider Pitter Schommer aus der Nagelgasse hatte seinen Rock über den Stecken gehängt. Das Weiß der sonntäglichen Hemdärmel wetteiferte mit dem Blüthenschnee der Obstbäume, die unten im Thal zurückblieben.

„Pummer Kis", murrte er, wischte sich mit dem Handrücken unter der Nase her und verbesserte sich dann rasch: „Gelowt seist du!" No, komm' doch!" Er drehte sich nach seiner Frau um:

„Wart' ebbes, Pittchen!" Sie war ganz außer Athem und stand keuchend still. Sie trug ein kleines Mädchen auf dem Arm; an jeder Seite hatte sie noch eins an den Rockfalten hängen. „Ech sein et net gewöhnt dat Bergklettren un die Hitz! Un die Kinner!"

„Dän heiligen Markus wird en Einsicht han, ech sein sicher." Der Mann schlug gläubig das Kreuz. „Verfluchte Karnallje, wirste giehn!"

Das eine Mädchen hatte den Rock der Mutter fahren lassen, saß nun im Sonntagsstaat am Boden und heulte. Kein Zerren half, kein Schütteln. Es wollte nicht weiter, es war müde, es wollte getragen sein.

„Jeß, die Mäderchen!" Der Schneider fuhr sich unwirsch durch die Haare. Er mußte die Last aufladen.

„Gegrüßt seist du — heiliger Markus, bitt' für uns!" Oben bimmelte das Glöckchen der Kapelle, hell und durchdringend schrillte es in die Weite. Klänge von Tanzmusik, abgerissene, melodielose flatterten dazwischen.

„Hörste? Muhsik!" Das junge Weib hielt mit Beten inne und hob die Hand, um die der Rosenkranz geschlungen war. Sie wies hinauf.

Um die weißen Mauern des Kirchleins wehten Zelttücher, ein Knäuel von Menschen drängte sich dort.

„Laß de Muhsik," brummte er verdrießlich. Er war schon ältlich, seine Beine steckten wie Stelzen in den faltigen Hosen. Von der Anstrengung glühte sein mageres Gesicht blauroth. Ueber die Stirn liefen ihm Tropfen wie Regen, rieselten an der Nasenspitze nieder und näßten die pomadisirten Zöpfchen des heulenden Kindes.

Mit Endlich waren sie oben. Stöhnend und unsanft ließ er die Last nieder: „Ech sein gestraft mit de Mäderchen! heiliger Markus, bitt für uns!"

Entnommen der Zeitschrift »Die Wage« mit den späteren handschriftlichen Korrekturen von Clara Viebig.

Der Weg war sehr steil von der Mosel herauf zum Markusberg. Mancher Schweißtropfen fiel auf den roten Sandstein, und Seufzer, die wie unterdrücktes Fluchen klangen, mischten sich mit dem Gebetgemurmel und dem Geprassel der abwärts rollenden Steinchen unter nägelbeschlagenen Schuhen. Die Luft war still. Die Hitze so stechend, wie sie nur die Frühlingssonne im ersten Feuereifer ausbrütet.

Schneider Pitter Schommer aus der Nagelgasse hatte seinen Rock über den Stecken gehängt. Das Weiß der sonntäglichen Hemdärmel wetteiferte mit dem Blütenschnee der Obstbäume, die unten im Tal zurückblieben.

»Dunnerkiel«, murrte er, wischte sich mit dem Handrücken unter der Nase her und verbesserte sich dann rasch: »Gelowt seist du!« Er drehte sich nach seiner Frau um: »Mo, esu komm doch!«

»Wart' ebbes, Pittchen!« Sie war ganz außer Atem und stand keuchend still. Sie trug ein kleines Mädchen auf dem Arm; an jeder Seite hatte sie noch eines an den Rockfalten hängen. »Ech sein et net gewohnt dat Bergklettre un dann die Hitz! – Un die Kinner!«

»Dän heiligen Markus wird dafür auch en Einsicht han, ech sein sicher.« Der Mann schlug gläubig das Kreuz. Und dann: »Verfluchte Karnallje, wirste gleich giehn!«

Das eine kleine Mädchen hatte den Rock der Mutter fahren lassen, saß nun im Sonntagsstaat am Boden und heulte. Kein Zerren half, kein Schütteln. Es wollte nicht weiter, es war müde, es wollte getragen sein.

»Jeß, die Mädercher!« Der Schneider fuhr sich unwirsch durch die Haare. Er mußte die Last aufladen.

»Gegrüßt seist du – heiliger Markus, bitt' für uns!«

– –

„[illegible]“ Peter Schommer setzte hoch aufathmend den Fuß über die Schwelle der Kapelle. Drinnen lagen viele auf den Knieen; in der kühlen Dämmerung roch es betäubend nach Weihrauch, nach Schweiß, nach Menschen. Die Kinder glotzten blödneugierig, Frau Schommer warf sich mit gleichgiltigem stumpfem Gesicht nieder.

Er betete heiß und lang, den Hut vor'm Gesicht, die fahlen Haare, dunkel vom Schweiß, an die Wangen geklebt. Seine Lippen bewegten sich murmelnd unaufhörlich, er hatte ein dringendes Anliegen beim heiligen Markus.

Mädchen, lauter Mädchen! Drei lebendige Töchter kreischten in seiner Werkstatt, zwei hatte er schon auf dem Kirchhof. Fünf Mädchen! Er hatte keinen Muth mehr, noch einmal Vater zu werden — wenn's wieder eine Tochter wäre! [illegible] Der Angstschweiß konnte ihm zu Zeiten ausbrechen und die Luft verging ihm. Noch ein Mädchen — nein, dann lieber nicht! Und er hatte doch glühende Sehnsucht nach einem Sohn; es war eine fixe Idee, sein Wunsch, den Namen Schommer weiterzupflanzen. Wenn Pittchen eins getrunken hatte, malte er sich diesen Sohn aus im ganzen Glanz seiner Jugendschöne; er sah ihn leibhaftig in der Nagelgasse den Kreisel drehn — „ganz der Vater", sagten die Leute. Er schneiderte ihm die ersten Höschen. Und dann weinte er vor Glück und Rührung. Die Bekannten foppten ihn. Einer, der's gut mit ihm meinte, rieth ihm den Bittgang zum heiligen Markus; jetzt, wo der Heilige seine Octave hatte, war der besonders geneigt und wunderthätig.

Die heiße Maisonne rutschte schon mehr nach Westen, als sie die Kapelle verließen. Ueber dem Rand der Berge schwamm die gold'ne Kugel in einem Strahlenmeer, in einem Heiligenschein.

[illegible] Schommer fühlte sich wunderbar gestärkt, wie ein [illegible]

Oben bimmelte das Glöckchen der Kapelle, hell und durchdringend schrillte es in die Weite. Klänge von Tanzmusik, abgerissene, melodielose flatterten dazwischen.

»Hörste? Muhsik!« Das junge Weib hielt mit Beten inne und hob die Hand, um die der Rosenkranz geschlungen war. Sie wies hinauf.

Um die weißen Mauern des Kirchleins wehten Zelttücher, ein Knäuel von Menschen drängte sich dort.

»Laß' die Muhsik,« brummte er verdrießlich. Er war schon ältlich, seine Beine steckten wie Stelzen in den faltigen Hosen. Von der Anstrengung glühte sein mageres Gesicht blaurot. Über die Stirn liefen ihm Tropfen wie Regen, rieselten an der langen Nase nieder und näßten die pomadisierten Zöpfchen des heulenden Kindes.

Endlich waren sie oben. Stöhnend und unsanft ließ er die Last nieder: »Ech sein gestraft mit all die Mädercher!«

»Heiliger Markus, bitt für uns!« Peter Schommer setzte hoch aufatmend den Fuß über die Schwelle der Kapelle. Drinnen lagen viele auf den Knien; in der kühlen Dämmerung roch es betäubend nach Weihrauch, nach Schweiß, nach Menschen. Die Kinder glotzten blödneugierig. Frau Schommer warf sich mit gleichgültig stumpfem Gesicht nieder.

Er aber betete heiß und lang, den Hut vor'm Gesicht, die fahlen Haare, dunkel vom Schweiß, an die Wangen geklebt. Seine Lippen bewegten sich murmelnd unaufhörlich, er hatte ein dringendes Anliegen beim heiligen Markus.

Mädchen, lauter Mädchen! Drei lebendige Töchter kreischten in seiner Werkstatt, und zwei hatte er schon auf dem Kirchhof. Fünf Mädchen! Er hatte keinen Mut mehr, noch einmal Vater zu werden – wenn's wieder eine Tochter wäre! Der Angstschweiß konnte ihm zu Zeiten ausbrechen und die Lust verging ihm. Noch ein Mädchen – nein, dann lieber nicht! Und er hatte doch glühende Sehnsucht nach einem Sohn; es war eine fixe Idee, sein brennendster Wunsch, den Namen Schommer weiterzupflanzen. Wenn Pittchen eins getrunken hatte, malte er sich diesen Sohn aus im ganzen Glanz seiner Jugendschöne; er sah ihn leibhaftig in der Nagelgasse den Kreisel drehn – »ganz der Vater«, sagten die Leute – er schneiderte ihm schon die ersten Höschen. Und dann weinte er vor Glück und Rührung. Die Bekannten foppten ihn. Einer, der's gut mit ihm meinte, riet ihm einen Bittgang zum heiligen Markus: jetzt, wo der Heilige seine Oktave hatte, war der besonders geneigt und wundertätig. –

Die heiße Maisonne rutschte schon nach Westen, als Schommers die Kapelle verließen. Über dem Rand der Berge schwamm die gold'ne Kugel in einem Strahlenmeer.

Heiligenschein.

Schommer fühlte sich wunderbar gestärkt, wie eine Offenbarung war's über ihn gekommen. Er zwinkerte mit den verwunderten wasserblauen Augen, zog die Hosen stramm und drückte die Brust heraus — er fühlte eine Kraft für zehn. Er nahm die Kinder an die Hand und ging mit ihnen an die Verkaufsbuden.

Staub, Gedränge, bewunderndes Betrachten, Feilschen, Anpreisen, halbtrunkene Gesichter, rother Abendsonnenschein auf geweihten Rosenkränzen und Jahrmarktsherrlichkeiten.

Die Zelttücher wehten, der Leierkasten quietschte, die Kinder bliesen auf Zuckerpfeifchen und die Erwachsenen lärmten. Töne der Lust, Gedudel, Gekreisch.

Das Bimmeln hatte aufgehört; um die weißen Mauern des Kirchleins drückten sich Liebespaare und verschwanden abwärts in den Büschen.

Verdrossen schlenderte Kettchen Schommer hinter Mann und Kindern drein. Ihr kornblumenblaues Kleid schleifte über den Boden, auf dem Longshawl mit türkischer Borde trampelte ihr die sich drängende Menge. Die verschlafenen braunen Augen der Frau wanderten langsam nach rechts und links. Sie neigte zur Fülle.

„No, Kettche!" Schommer war besonders liebenswürdig; er winkte ihr, sie ließen sich vor der Wirthschaft auf einer Holzbank nieder: „He, Wirthschaft! Ein Liter Viez!"

Der Raum war eng; Tisch bei Tisch, Bank an Bank, man saß sich fast auf dem Schoß. [illegible] waren auch da, Neunundzwanziger und Trierer, [illegible] im Genick, lachend, spuckend, Späße treibend, zogen sie [illegible] Blicke auf sich.

Schommer trank hastig; er bestellte den zweiten Liter, den [illegible]. Er rief seine beiden Aeltesten heran, die mit ihren Pfeifchen um die Tische strolchten, und ließ sie [illegible]; sie schluckten gierig mit zugekniff'nen Augen, bis ihnen der Athem ausging. Er wurde zärtlich gegen seine Frau, dann schimpfte er, dann wurde er wieder zärtlich und zuletzt ganz weich. Ohne Hut, rittlings auf der Bank, die Arme über die Lehne hängend, saß er schlaff da, sehr bleich, und stierte immer auf einen Fleck.

Die junge Frau, das kleinste Mädchen auf dem Schoß, sah gedankenlos in's Blaue. Sie gähnte, aber jetzt hielt sie mitten im Gähnen inne — einer der Soldaten rückte neben sie.

Es war ein schmucker junger Mensch; ein Gesicht, rund wie ein Apfel mit einem bläulichen Flaum unter der keck aufgestülpten Nase; Augen klein, lebhaft, schwarz wie Vogelkirschen.

Er sah sie dreist an; ihr verdross'nes Gesicht hellte sich auf, sie zeigte geschmeichelt die weißen Zähne. Das war der

Peter Schommer fühlte sich wunderbar gestärkt, wie eine selige Zuversicht war's über ihn gekommen. Er zwinkerte mit den wasserblauen Augen, zog die Hosen stramm und drückte die Brust heraus – er fühlte eine Kraft für zehn. Er nahm die Kinder an die Hand und ging mit ihnen an die Verkaufsbuden.

Staub, Gedränge, bewunderndes Betrachten, Feilschen, Anpreisen, halbtrunkene Gesichter, roter Abendsonnenschein auf geweihten Rosenkränzen und Jahrmarktsherrlichkeiten.

Die Zelttücher wehten, der Leierkasten quietschte, die Kinder bliesen auf Zuckerpfeifchen und die Erwachsenen lärmten. Töne der Lust, Gedudel, Gekreisch.

Das Bimmeln hatte aufgehört; um die weißen Mauern des Kirchleins drückten sich Liebespaare und verschwanden abwärts in den Büschen.

Verdrossen schlenderte Kettchen Schommer hinter Mann und Kindern drein. Ihr kornblumenblaues Kleid schleifte über den Boden, die sich drängende Menge trampelte darauf. Die verschlafenen braunen Augen der Frau wanderten langsam nach rechts und links. Sie neigte zur Fülle.

»No, Kettche!« Schommer war besonders liebenswürdig; er winkte ihr, und sie ließen sich vor der Wirtschaft auf einer Holzbank nieder. »He, Wirtschaft! En Liter Viez!«

Der Raum war eng; Tisch bei Tisch, Bank an Bank, man saß sich fast auf dem Schoß. Etliche von Besatzungstruppen waren auch da, das Käppi im Genick, lachend, spuckend, Späße treibend, zogen sie manche Blicke auf sich.

Schommer trank hastig; er bestellte noch einmal zu trinken. Er rief seine beiden Ältesten heran, die mit ihren Pfeifchen um die Tische strolchten, und ließ sie kosten; sie schluckten gierig mit zugekniff'nen Augen, bis ihnen der Atem ausging. Er wurde zärtlich gegen seine Frau, dann schimpfte er, dann wurde er wieder zärtlich und zuletzt ganz weich. Ohne Hut, rittlings auf der Bank, die Arme über die Lehne hängend, saß er schlaff da, sehr bleich und stierte immer auf einen Fleck.

Die junge Frau, das kleinste Mädchen auf dem Schoß, sah gedankenlos in's Blaue. Sie gähnte, aber jetzt hielt sie mitten im Gähnen inne – einer der Franzosen rückte neben sie.

Tage." Heft 40

Schönste von allen. Sie sah ihn sich ordentlich an, mit großen, dummen, erstaunten Augen.

Er kitzelte das kleine Mädchen unter'm Kinn und kniff es in's Hälschen. Weit legte er sich dabei über, daß sie sein ganzes Gewicht auf ihrem Schoß spürte. Er sagte: „Das gibt 'mal ein hübsches Mädchen, — akkurat so hübsch wie seine Mamma!"

Dann schob er ihr sein Glas hin. Sie trank.

Drinnen im Wirthshaus dudelte die Tanzmusik. Alles hatte sich hineingedrängt; man hörte das Scharren der Füße auf sandigen Dielen, das Stampfen im Takt. Ein heißer, sichtbarer, luftdurchschwängerter Dunst drang aus Fenster und Thür.

„Wollen wir mal?" — Er drehte sich an dem blauen Flaum unter der keck gestülpten Nase.

Sie wußte selbst nicht recht, ob sie sollte; Lust hatte sie schon.

Er sah nach ihrem Mann. „Paulchen," er faßte sich an die Mütze, „Kamerad!" er tippte ihn mit zwei Fingern auf die Schulter, „Sie habe wohl nix dagegen?"

Schommer hob den Kopf. Freundlich grinsend, mit glasigen Augen starrte er den Soldaten an und sagte kein Wort.

„Merci, merci!" Der [illegible] schnallte das Seitengewehr ab, dann zog er die Frau nach einem Kratzfuß den Langshawl von den Schultern.

Die Musikanten drinnen thaten ihr Bestes. Der Maibiez war feurig gewesen, das Blut stieg ihr zu Kopf. Entschlossen trat sie an einen Karren, der neben der Wirthshausthür auf dem Dunghaufen stand — da, das Jüngste lag [illegible].

Mit langsamen Bewegungen, aber mit Augen, die wie Zündhölzchen aufflammten, ging sie in den Tanzsaal.

Das Kleine schlief sanft im Karren auf dem Dung. Schommer, die Arme über die Banklehne hängend, den Kopf an's Holz gepreßt, glaubte sich daheim in seinem Bett und schnarchte. Das hagere Gesicht mit den gelben Backenknochen sah ungemein friedlich aus; ein Grunzen der Befriedigung stahl sich über die wie in einem Schmunzeln geschlossenen Lippen des Schläfers. Der Abendwind spielte in seinen fahlen Haaren, aber weckte ihn nicht. Er hatte einen schönen Traum.

Als Frau Kettchen Schommer mit dem Neunundzwanziger wieder aus der Wirthshausthür trat, sah sie sich suchend um. „Das Kinner?" fragte sie [illegible].

Ja, das Kleinste schlief im Karren, aber die größeren Mädchen waren weg.

Es war ein schmucker junger Mensch; ein Gesicht, rund wie ein Apfel mit einem bläulichen Flaum unter der keck aufgestülpten Nase; Augen klein, lebhaft, schwarz wie Vogelkirschen.

Er sah sie dreist an; ihr verdroß'nes Gesicht hellte sich auf, sie zeigte geschmeichelt die weißen Zähne. Das war einmal ein Schöner. Sie sah ihn sich ordentlich an, mit großen, dummen, erstaunten Augen.

Er kitzelte das kleine Mädchen unter'm Kinn und kniff es in's Hälschen. Weit legte er sich dabei über, so daß sie sein ganzes Gewicht auf ihrem Schoß spürte. Er sagte: »Sehr schöne Kind – ganz wie Madame.« Dann schob er ihr sein Glas hin. Sie trank, schon wieder durstig.

Drinnen im Wirtshaus dudelte die Tanzmusik. Alles hatte sich hineingedrängt; man hörte das Scharren der Füße auf sandigen Dielen, das Stampfen im Takt. Ein heißer, sichtbarer, luftdurchschwängerter Dunst drang aus Fenster und Tür.

Er drehte sich an dem blauen Flaum unter der keck gestülpten Nase. Und dann machte er ihr einen Diener.

Sie wußte selbst nicht recht, ob sie sollte; Lust zu tanzen hatte sie schon.

Er sah nach ihrem Mann und faßte sich an die Mütze: »Pardon!« Mit zwei Fingern tippte er dem vor sich sitzenden auf die Schulter.

Schommer hob den Kopf. Freundlich grinsend, mit glasigen Augen starrte er den Franzosen an und sagte kein Wort.

»Merci, merci!« Der Soldat schnallte das Seitengewehr ab, dann zog er die Frau dem Tanzlokal zu.

Die Musikanten drinnen taten ihr Bestes. Der Mai-Viez war feurig gewesen, das Blut stieg ihr zu Kopf. Entschlossen trat sie an einen Karren, der neben der Wirtshaustür auf dem Dunghaufen stand – das Jüngste lag da ganz friedlich.

Mit langsamen Bewegungen, aber mit Augen, die wie Zündhölzchen aufflammten, ging sie in den Tanzsaal.

Das Kleine schlief sanft im Karren auf dem Dung. Schommer, die Arme über die Banklehne hängend, den Kopf an's Holz gepreßt, glaubte sich daheim in seinem Bett und schnarchte. Das hagere Gesicht mit den gelben Backenknochen sah ungemein

Oben auf der Bergspitze war noch Licht, aber von der Mosel herauf krochen Riesenschatten. Sie reckten sich und dehnten sich und begruben das Roth der Felsen in ihrem stumpfen Schwarzgrau. Die Berglehne lag schon ganz im Dämmerschein. Noch schimmerten die weißen Mauern des Kapellchens, aber gleich dahinter fingen die dichten Büsche an. Blühender Flieder in üppigen Dolden hing dem heiligen Markus auf's Dach. Kreuzdorn und junges Buchenlaub wölbten sich in Lauben. Ein Pfädchen verlor sich im grünenden Dunkel. Tief drinnen saß ein Vogel und sang. Er lockte, er hielt lange auf einem Ton, dann schlug er übermüthige, nicht endenwollende Triller.

„Jesses, dän schönen Vogel“, sagte die Frau und legte den Kopf tiefathmend hinten über. [illegible] — Gritche — wo seid Ihr? Gritche — An[illegible] [illegible] Der [illegible] legte ihr die Hand auf den Mund. [illegible] — [illegible] Er sah spähend nach den Bänken vor'm Wirthshaus zurück. [illegible]

Sie kicherte. [illegible]

Seine Augen, schwarz wie [illegible], [illegible], seine Nase schien sich noch lecker aufzustülpen; er faßte die hübsche Frau um die Taille und drängte sie um die Ecke des Kapellchens [illegible]

Man hörte noch einmal rufen: „Angela — Gritche!“ [illegible] Der Abendwind nahm den Ruf auf und trug ihn weit in die Runde.

Die Büsche lagen [illegible] friedlich im [illegible] Zauberschein des ersten Maiabends.

Die Nachtigall sang [illegible]

friedlich aus; ein Grunzen der Befriedigung stahl sich über die wie in einem Schmunzeln geschlossenen Lippen des Schläfers. Der Abendwind spielte in seinen fahlen Haaren, aber weckte ihn nicht. Er hatte einen schönen Traum.

– –

Als Frau Kettchen Schommer mit dem Franzosen wieder aus der Wirtshaustür trat, sah sie sich um: »Wo sind uns Kinner?« Aber sie sah jetzt: ja, das kleinste schlief im Karren, aber die größeren Mädchen waren weg. Die müßte man jetzt suchen gehen.

Oben auf der Bergspitze war noch Licht, aber von der Mosel herauf krochen Riesenschatten. Sie reckten sich und dehnten sich und begruben das Rot der Felsen in ihrem stumpfen

Schwarzgrau. Die Berglehne lag schon ganz im Dämmerschein. Noch schimmerten die weißen Mauern des Kapellchens, aber gleich dahinter fingen die dichten Büsche an. Blühender Flieder in üppigen Dolden hing dem heiligen Markus auf's Dach. Kreuzdorn und junges Buchenlaub wölbten sich in Lauben. Ein Pfädchen verlor sich im grünenden Dunkel. Tief drinnen saß ein Vogel und sang. Er lockte, er hielt lange auf einem Ton, dann schlug er übermütige, nicht endenwollende Triller.

»Jesses, dän schenen Vogel«, sagte die Frau und legte den Kopf tiefatmend hinten über. »Anschela – Grittche – wo seid ihr? Grittche – An-sche-la-a-a!«

Der hübsche Bursche legte ihr die Hand auf den Mund. Er sah spähend nach den Bänken vor'm Wirtshaus zurück. Der Mann war auch nicht zu sehen. Und er lachte: »Nix Mann!«

Sie kicherte.

Seine Augen, schwarz wie Vogelkirschen, funkelten, seine Nase schien sich noch kecker aufzustülpen; er faßte die hübsche Frau um die Taille und drängte sie um die Ecke des Kapellchens, wo's dunkel wurde.

Man hörte noch einmal rufen: »Anschela – Grittche!« Der Abendwind nahm den Ruf auf und trug ihn weit in die Runde. –

Die Büsche lagen unendlich friedlich im versöhnenden Zauberschein des ersten Maiabends.

Die Nachtigall sang ihr Liebeslied, wie sie es immer gesungen hatte um diese Zeit.

- -

Der Markus, das war noch ein Heiliger! Peter Schommer versprach ihm zur nächsten Oktave eine Kerze, dick wie ein Kinderarm.

Der Winter war vorbei und die ersten Frühlingswehen hatten sich eingestellt – drinnen in der Werkstatt stand wieder die Wiege, aber kein Mädchen war's dies Mal, der ersehnte Stammhalter schrie die Wände an.

Stolz stand Schommers mittags im Sonnenschein in der Haustür, schaute mit breitem Lächeln die Nagelgasse auf und ab und dann auf das Wickelkind in seinem Arm.

Kinderarm.

Der Winter war vorbei und die ersten Frühlingswochen hatten sich eingestellt – drinnen in der Werkstatt stand wieder die Wiege, aber der ersehnte Stammhalter schrie die Wände an.

Stolz stand Schommer Mittags im Sonnenschein in der Hausthür, schaute mit breitem Lächeln die Nagelgasse auf und ab und dann auf das Wickelkind in seinem Arm.

Die Aeugelchen funkelten schwarz wie Vogelkirschen in dem apfelrunden Gesichtchen über dem keck aufgestülpten Näschen.

Tränen gerührter Dankbarkeit in den wasserblauen Augen schmunzelte Peter Schommer: ganz der Vater! Gelobt sei der heilige Markus!

Die Äugelein funkelten schwarz wie Vogelkirschen in dem apfelrunden Gesichtchen über dem keck aufgestülpten Näschen.

Tränen gerührter Dankbarkeit in den wasserblauen Augen schmunzelte Peter Schommer: ganz der Vater! Gelobt sei der heilige Markus!

Das Miseräbelchen

veröffentlicht in »Kinder der Eifel«, 1897

Du lieber Gott, was für ein armseliges Kind war der Christoph Nepomuk!

Er hatte einen Buckel auf dem Rücken und einen Buckel auf der Brust, die dünnen schlotternden Beinchen trugen den Körper kaum, und zwischen den hohen Schultern saß der dicke Kopf mit dem zwergenhaft alten Gesicht. Die Wangen so abgezehrt, so gelb, kein Hauch von Farbe auf ihnen! Um den Mund zogen sich tiefe Falten, ach, und die großen schwarzen Augen blickten nicht kinderfroh und unbewußt in die Welt; in ihrer traurigen Tiefe brannte ein unnatürlich glänzendes Licht, ängstlich flackernd wie die Totenkerzen am Allerseelentag.

Was nützte es dem Christoph Nepomuk, daß er zwei schöne Heilige zu Paten hatte?! –

Drunten im Tal lag die Stadt mit den vielen Kirchen und Türmen, und nicht weit von dem alten römischen Stadttor war der heilige Christophorus an die Mauer gemalt, riesengroß und prächtig, blau und rot; auf seinen Schultern saß das Christuskind, das hob segnend die Rechte. Und der zweite Pate, der heilige Nepomuk, der stand weit draußen im Böhmerland auf der Moldaubrücke, trug einen goldenen Sternenkranz ums Haupt, und die Schiffer beteten zu ihm.

Des Christoph Nepomuks Vater war auch ein Schiffer gewesen, aber nur ein Knecht, und sein Schiff war nicht flott gesegelt. Tagaus, tagein hatte er keuchend, den Riemen um die Brust, den Steinkahn die Mosel hinauf gezogen, die Erde mit Schweißtropfen netzend, die Lebenskraft tauschend für armseligsten Lohn. So war es gegangen, Jahr für Jahr, bis ihn einst die Kameraden nach Hause brachten, bewußtlos und röchelnd. Der Riemen hatte ihm was in der Brust zerquetscht. Da half kein Doktor und keine geweihte Kerze mehr; nach zwölf Stunden war er tot, die Witwe saß allein, blutarm und blutjung, und hatte ein zweijähriges Kind auf dem Schoß, das war ein unglücklicher Krüppel.

»En Miseräbelchen«, sagten die Leute. – Seitdem waren nun acht Jahre vergangen, acht Jahre voller Hunger und Not. Das blühende Weib war verwandelt; die frische Farbe, die jugendliche Rundung waren geschwunden; die sehnigen braunen Arme, der gekrümmte Rücken trugen schwere Lasten. Im Tragkorb schleppte die Ursel im Frühjahr den Dünger, den Schiefer auf die Weinberge, die so steil vom Fluß aufstiegen, daß sie aussehen wie senkrechte Mauern, an denen der Fuß mühsam einen Halt sucht. War sie nicht im Taglohn der Weinbauern, so suchte sie Beeren im Wald; Erdbeeren, Blaubeeren und in den Spalten der sonnigen roten Felsen würzige Himbeeren. Im Winter saß sie Abende und Nächte und band Besen, große und kleine, und am frühen Morgen ging sie den weiten Weg zur Stadt, irrte durch die Straßen und rief von Haus zu Haus: »Kaaft Besen, kaaft Besen!«

Das war ein schweres Brot, sie war oft müde und verdrossen, und wenn die Leute zu ihr sprachen: »Jao, wann dir nor dat Könd, dat Miseräbelchen net hätt, duh könnt dir Eich besser helfen« – so sagte sie nicht nein.

Kam sie dann nach Hause und sah das Miseräbelchen sie mit den schmerzlichen Augen an, so riß sie es wohl heftig an sich und küßte es; und am Sonntag kaufte sie von den mühselig abgedarbten Pfennigen ein dünnes Licht, das zündete sie in der kleinen Bergkapelle unter dem Muttergottesbild an, lag davor auf den Knien und betete: »Heil'ge Moddergott's, bitt for ons! Heil'ge Moddergott's, laoß hän baal en Engelche gänn!« Und damit meinte sie das Miseräbelchen.

Aber das tat ihr nicht den Gefallen. Es wurde kein Engel, trotz aller geweihten Kerzen; es wurde wohl alle Jahr elender und schwächer, aber es starb doch nicht.

Strich der Lenzwind über die Berge und küsste der warme Strahl der Sonne das erste Grün wach, dann kam des Miseräbelchens gute Zeit. Dann kroch es hervor aus seiner dunklen Höhle und hockte auf der Schwelle der Hütte, streckte die wachsgelben, durchsichtigen Hände der Sonne entgegen und wärmte sie; sie waren so eiskalt. Die jämmerliche kleine Gestalt saß Tag für Tag vor der niederen Tür, elend, verkommen, und ringsum lachte die Welt, so heiter, so lenzesfrisch wie am ersten Schöpfungsmorgen.

Unten im Tal schlängelte sich der Fluss in sanftem Bogen und spiegelte den Himmel in seinem klaren Blau; von den Bergen stürzten Kaskaden von Blüten, wie milchiger Schaum schimmerten die Obstbäume mit ihrem Blütenschnee. Und jenseits des Wassers lag die alte Stadt mit den grauen Schieferdächern, überglänzt von Sonnenschein. Die Glocken des ernsten Domes riefen die Gläubigen zur Maiandacht. Überall Frieden, Schönheit, Versöhnung. Selbst die armseligen Hütten des Dörfchens, die wie Schwalbennester an der Felswand kleben, lagen eingebettet in riesigen Blütensträußen; auf ihre Dächer hingen Goldregen und Flieder in duftenden Dolden, das nackte Elend mit üppiger Fülle verdeckend. Der Frühling erbarmte sich über die Höhlen der Armut; sie störten nicht mehr die Schönheitsharmonie, sie passten zu Amselruf und Nachtigallensang.

Aber unter den Blüten saß das Miseräbelchen, ein Missklang in der Schöpfung, ein Hohn auf die jubelnde Natur.

Des Kindes Blicke schweiften mit unbewusstem Staunen über Berg und Tal, den Fluss hinauf und hinunter; dann richtete es sich auf und kroch mühsam die Mauer entlang, an dem Stückchen Zaun vorbei, bis zur benachbarten Hüttentür. Da lag ein flacher Stein, auf den sank es nieder, und dann rief's: »Toni! Josepha!« Die Stimme klang dünn und schwach, aber sie wurde doch gehört.

Aus der Tür sprangen zwei Kinder, ein sonnverbrannter Bube und ein flachshaariges Dirnchen, Bruder und Schwester, des Miseräbelchens treue Gefährten. Sie fassten den kleinen Krüppel in die Mitte; sie schleppten ihn ein Stück weiter, bis hinüber zu dem grünen Rasenfleck, auf dem die Kuckucksblumen blühten, Himmelschlüssel und Wiesenschaum, Hahnenfuß und Sonnenröschen.

Dort saßen die drei nieder. Die Josepha pflückte von den gelben Blumen, steckte die Stiele ineinander und machte eine lange Kette, die hing sie dem Miseräbelchen um den Hals. »Nau biste e su schien, Miseräbelchen«, sagte sie, »nau spille mer Prozession!«

Das waren glückliche Stunden für den Christoph Nepomuk. Er saß im warmen Sonnenschein auf dem weichen Rasen und spielte »heiliger Christophorus«. Der Toni und die Josepha zogen an ihm vorbei, langsamen Schritts, statt des Lichtes eine gelbe Blume in der Hand; sie plapperten und kreuzten sich, knicksten und beteten: »Heiliger Christophorus, bitt' for ons! Heiliger Christophorus, laoß dat Miseräbelchen baal en Engelche gänn!«

Und das Miseräbelchen nickte seelenvergnügt mit dem Kopf; es war zu schön. Und als die Sonne sank, packten es die Kinder wieder und schleiften es zu seiner Tür zurück; sie meinten es sehr gut, aber sie rissen ihm beinah die Arme aus.

Noch einen Freund hatte der arme Krüppel, den liebte er fast mehr als den Toni und die Josepha. Das war der Peter, ein großer schwarzer Kater. Der hatte sich einst bei strömendem Regen in die Hütte geflüchtet, hatte dort Mäuse und freundliche Aufnahme gefunden und war geblieben. Damals war er ein junges Kätzchen, halberstarrt vor Kälte, halbtot vor Hunger und so elend, daß er dem Miseräbelchen glich; nun war er ein mächtiges Tier mit scharfen Krallen und bösen Augen. Eine Schönheit war der Peter noch immer nicht, die Knochen standen ihm verdächtig heraus, aber er war doch des Miseräbelchens größter Schatz, sein Freund, sein Gespiele, sein Reichtum, sein ganzes Glück. Dem Toni und der Josepha wurde es oft langweilig, still bei dem Krüppel zu sitzen; sie sprangen davon, mit den andern Kindern durch die Berge zu streifen oder in wilden Spielen auf der Gasse zu tollen. Wie Schwalbengezwitscher klang das Rufen und Lachen der Kinder von ferne; das Miseräbelchen saß allein auf der Schwelle und hielt seinen Peter im Arm, der schnurrte und rieb den dicken schwarzen Kopf an der abgezehrten faltigen Wange des Kindes. Beide starrten hinaus in die Luft. Der Kater sah mit den gläsernen grünen Augen unverwandt nach dem Vogelnest auf dem Baum, und das Kind blickte zum Himmel auf – ohne Wunsch, ohne Klage.

So saßen sie beisammen die langen Sommerabende, bis die Mutter von der Arbeit heimkam; teilten das Stückchen Brot, das

Schlückchen Milch miteinander, und der Kater erhielt den Löwenanteil. Das Miseräbelchen brauchte nicht viel. Sie sahen die Fledermäuse flattern und die Sternschnuppen in den Fluss fallen. Des Katers Augen glänzten im Halbdunkel wie Feuerkugeln, des Knaben Augen wurden immer größer und weltentrückter. Aus der armen, gedrückten Brust rang sich ein pfeifender, trockener Husten; die Leute sagten: »Et is bal aus mit em Miseräbelchen, Gott sei Dank!« – Als der Hochsommer kam mit sengender Glut und drohenden Wettern, konnte das Miseräbelchen nicht mehr allein vor die Tür, die Mutter musste es hinaustragen und dort auf einen Strohbund und eine alte Decke legen; das tat sie am frühen Morgen, dann ging sie fort, sie musste in den Taglohn. Ab und zu sahen die Nachbarn nach der verlassenen Kreatur und reichten ihr etwas zur Labung; auch der Toni und die Josepha kamen, aber es wurde ihnen bald langweilig, das Miseräbelchen sprach nichts, und graulich war's auch. Der Peter war der treueste; er legte sich dem Kind auf die Füße und wärmte sie; er schmiegte sich an seine Seite und leckte ihm die Wange; und die matten Händchen streichelten das ruppige Fell. Ein Doktor wurde nicht zu dem Miseräbelchen gerufen; wozu auch? Aber Hochwürden, der Herr Kaplan, kam und betete mit dem Kinde; und die Mutter ging nun auch nicht mehr fort.

Endlich zog ein Tag herauf, trocken, sengend, voll dörrender Hitze. Am Horizont ballten sich dunkle Wolken schon am frühen Morgen, die zogen herauf bis zum Mittag. Alles in der Natur harrte in atemlosem Schweigen, die Blätter hingen schlaff und verstaubt, die Blumen senkten die Köpfe, und die Vögel versteckten sich im Gebüsch. Noch schoß die Sonne glühende Pfeile, dann wurde es plötzlich dunkel, ein heulender Windstoß folgte, ein greller Blitzstrahl hüllte die Gegend in schwefliges Licht – der erste Donner krachte durch die Lüfte.

Es war ein schweres Wetter.

Drinnen in der verdunkelten Hütte lag die Mutter auf den Knien und hielt sich die Augen zu; sie betete, was sie konnte. Das Miseräbelchen röchelte auf dem Bett in den letzten Zügen. Der Peter stand auf der zerfetzten Decke des Lagers, er sträubte das Haar; draußen, im dunklen Gang, kauerten der Toni und die Josepha, dicht aneinandergeschmiegt.

»Wann dat Miseräbelchen stärwen duht, kömmt dann dän Peter met in dän Himmel?« fragte die zitternde Josepha.

»Still«, flüsterte der Bruder und stieß sie an. »Dat glauwen eich –« Das Wort erstarb ihm im Munde; ein furchtbarer Blitz, ein entsetzlicher Donnerschlag ließen die Erde erzittern. Die Tür zur Stube sprang auf, schreiend jagte die Katze heraus, die Bodentreppe hinan. Drinnen kreischte die Mutter laut auf.

Das Miseräbelchen fuhr gen Himmel. –

Und der erlösende Regen prasselte nieder. Er schwemmte mit seinen Fluten Dürre und Staub hinweg, er erquickte die lechzende Kreatur.

»Ursel, kreischt net su«, sagte die Nachbarin zu der Mutter; »dankt alen Heil'gen, dir haott eweil aach en Fürbitt im Himmel!«

»E jao, e jao«, sagte die Mutter, »dir haott rächt. Nau machen eich bei 'm Bauer in Dienst, loa haon ech mein Äßen on Drinken on weider kan Onverlegenhaat; äwer leid duht mer't doch!«

Und sie heulte von neuem. –

Auf dem kleinen frischen Grab am Kirchhofszaun hatte man ein ärmliches, schwarzes Holzkreuzchen errichtet, darauf waren der Name und die Jahreszahl vermerkt: Christoph Nepomuk Vogl, geboren dann und dann, gestorben dann und dann. Aber am andern Morgen war der Name durchstrichen, und es stand mit Kreide, in den steifen Buchstaben einer ungelenken Kinderhand darüber:

»Das Miseräbelchen«.

*   *   *   *   *

Margrets Wallfahrt

veröffentlicht in »Kinder der Eifel«, 1897

Oben auf der Eifel wehten schon Herbstwinde. Sie kamen von Norden und schnobten daher, eilfertig und gehässig; sie färbten das magere Gras gelb und zausten die knorrigen Föhren und zitternden Birken. Drunten im sonnigen Moseltal blühten noch die Rosen in den Gärten, gelb, rot und weiß, in den kristallklaren Fluß nickten die obstbeladenen Bäume, die Traube schwoll des köstlichen Geistes voll, Nußbäume und Kastanien sprengten die grüne Hülle ihrer Frucht und ließen den braunen glänzenden Kern zur Erde fallen. Hier oben rochen die Nächte schon nach Winter; die Schlehe hing blau und herb an den dornigen Büschen, kalter Reif versilberte Gräser und Moose, und dicker Nebel hockte in den Mulden. Unwirtlich war's, unfreundlich. Die kalte Eifel mit ihren baumlosen Höhen, ihren rotblühenden Heiden und dunklen Maaren bereitete sich allgemach, ihren gestrengen Herrn, den Winter, zu empfangen.

Da, wo der Wald zu Ende geht und nur struppiges Knieholz mehr vorkommt, liegt ein Häuschen an den Felsen geschmiegt, ein armseliges Nest mit tiefhängendem Moosdach, darauf Hauswurz und Fetthenne gedeihen; sogar ein Tannenbäumchen hat sich naseweis und keck dort angesiedelt. Das Türchen ist niedrig, das Fensterchen mit Papier verklebt, aber auf dem grünen Rasenfleck vor der Schwelle weidet eine genügsame weiße Ziege, und ein paar sturmgewohnte Sonnenblumen nicken protzig und gönnerhaft mit den dicken Köpfen.

In der einsamen Hütte, der armseligsten weit und breit, wohnte die ehrsame Witfrau Anna Maria Balduin. Sie wohnte drin seit langer Zeit; als junge glückliche Braut war sie vor achtzehn Jahren eingezogen an der Seite des Peter Balduin, des tüchtigsten Holzfällers weit und breit; fünf Jahre später trug man ihn hinaus, starr und kalt, und begrub ihn unten in Kyllburg auf dem kleinen Bergfriedhof. Es war ein böses Jahr; die Kartoffeln mißraten, das Brot unerschwinglich, der Hungertyphus wütete in der armen Eifel, früher Schnee fiel, und die gierigen Wölfe schlichen allnächtlich bis an die einsamen Hütten. Im Häuschen der Witwe waren Angst um's tägliche Brot, Kummer um den Verstorbenen, Kälte und Entbehrung zu Gast. Die bleiche Frau saß am Spinnrad und ließ ihre Tränen rinnen, und das Töchterchen, die kleine Margret, hockte daneben, lachte und spielte mit bunten Steinen und begriff nichts von dem Kummer der Mutter.

Nun waren Jahre vergangen; das frische Grab war eingesunken und Gras darüber gewachsen, wie über die Wunden des Herzens. Die kleine Hütte war baufälliger geworden, und statt der kleinen Margret saß eine große vor der Tür. Sie spann um's liebe Brot für die reichen Bauernfrauen und hatte die Ziege mit einem Strick an ihre große Zehe gebunden; da konnte das Tier grasen und lief doch nicht weg. Margret spann und guckte auch zuweilen halb gedankenlos, halb sehnsüchtig hinauf in den Himmel, der blassblau und unnahbar kühl sich über den nackten Höhen wölbte. – Mit der Mutter stand's schlimm. Sie hatte Gliederweh, lag seit Wochen und Monaten, krummgezogen und steif, in der wurmstichigen Bettstatt auf den blaugewürfelten groben Kissen, ächzte und stöhnte und konnte kaum die Hand zum Munde heben. »Et es en bedenkliche Saach'«, sprach die kluge Frau aus Kyllburg, die sich auf vieles Bitten und gegen bare fünfzig Pfennig herabließ, zu der armen Hütte heraufzusteigen. Sie nahm das einzige Huhn der Witwe mit hinab und hatte dafür ein wunderwirkendes Tränklein zurückgelassen. Aber das Tränklein tat kein Wunder, die Kranke jammerte noch um vieles mehr, und der Totenvogel, das Käuzchen, schrie jede Mitternacht vorm Hüttenfenster. –

Heut war ein besonders schlimmer Tag. Die hübsche Margret saß am Bett und ließ den Kopf hängen. Ihre fleißigen Finger spannen, aber ihre sonst lachenden braunen Augen füllten sich oft jählings mit Tränen. Sie war ein gutes Kind, hatte weiter nichts auf der Welt als ihre Mutter und ihre siebzehn Jahr; aber auf das bisschen Jugend, da fiel die Sorge um die Mutter wie Hagel im Mai. Es war traurig.

Ein Glück, daß es nun an die Hüttentür klopfte und mit Seufzen und Gepuste eine behäbige Bauersfrau sich über die Schwelle schob: »Gelowt sei Jeses Christes!«

»In Ewigkeit Aomen!« –

Es war die Gevatterin aus Kyllburg, Frau Margareta Rindsfüßer, die Patin der Kleinen. Da kam sie den Berg heraufgeklettert, die gute Seele, und war doch ein bißchen sehr komplett. Und nun packte sie den Korb aus, den sie am Arme trug – Knackwurst, Semmeln, Zichorien und ein paar Eier.

»Dao, Anna, wat micht Ihr, wie gieht et Eich?«

»Schlächt – siehr schlächt!«

»Jao, jao«, nickte die andre, »ech glauwen et sälwer, dat Ihr et net e su lang mieh maachen duht! Gäwt de Hoffnung ald nor uf, bereit Eich zom säligen Stärwen!«

»Oa dau mein Jesses«, wimmerte die Kranke, »ech duhn jao e su gären stärwen – et es mer nor om et Margret, et es noach gaor e su jong!«

»Waohr, waohr«, die Gevatterin zwinkerte mit den Augen und schneuzte sich gewaltig in das rotblaue Sacktuch – »et es haard, siehr haard, äwer duh es kein Hölf net mieh. Jao, wann Ihr eweil zom heiligen Rock erunner naoch Trier maachen kunnt, lao kennt Eich geholf gänn –!«

»Geholf – zom heiligen Rock!?« Margret hatte mit weit aufgerissenen Augen der Sprecherin zugehört, nun näherte sie sich und faßte die Gevatterin am Ärmel. »Tant, ech bitten Eich ville Maol, wat es dat met em ›heiligen Rock‹?«

Frau Margareta Rindsfüßer bekreuzte sich fromm. »Bitt for ons, heiliger Rock, for ons on om Vergäwung onsrer Sünd – Mädchen, dau bis e su domm! Lao unnen ze Trier, duh bimmeln de Glocken Dag on Nacht, wat se kennen; se bimmeln, dat de Fischelcher in der Musel Angst gänn. Mer maant, mer kennt dat Bim-bam hei owen heeren. On aus der ganzen Welt kommen se gerennt de Musel eruf, met Kreizcher on Fähncher on grußen Faohnen, on singen on bäten den heiligen Rock an. Wat meim Vadder sin Broder sin Sohn es, dän Stadtfeld's Hanni, dän haot et mer verzällt, dän es sälwer duh gewest. Weil hän gaor kein Könner krieht, haot hän lao erunner gemaach on haot met seim

Trauring dän heiligen Rock anröhren laoßen – dat hilft! Im heiligen Duhm zeigt em de hohe Gaastlichkeit, on wän krank es, dän verliert esubaal sin Onüwelkaat – jao! On wän en Kranken derhäm haot on holt ebbes von em met, en Hemd oder en Bettduch or sunst ebbes, dem sein Kranker werd gesond!«

»Jesses Maria!« Die Kleine faltete die Hände. »Modder, ech maachen daorhin!«

»Et es gaor e su weid« – die Kranke seufzte halb angstvoll, halb sehnsüchtig – »ech laoßen dech net, dau bis mein anzig Könd – wannste zo Schaoden kämst, Jeßmarijusep!«

»O Modder, laoßt mech doach! Ech sein jao schuns met Beeren bis erunner zor Musel gewest, nau giehn ech hald noch ebbes weider; naoch Trier finden ech ganz kommod. On wann ech den heiligen Rock vill dausendmaol bitt, dan hilft hän gewöß, on wanneh ech widder komm', dao seid Ihr gesond – o Modder, die Freid!«

Mit ausbrechendem Jubel umschlang das Mädchen die Kranke. Es preßte seine blühende Wange an die bleiche, abgezehrte. – »Modder, saot neist, ech giehn zom heiligen Rock – morjen!«

»Anna, laoßt dat Margret giehn in Gottes Naomen; on de heilige Jongfrau sei met em«, sagte die Gevatterin. »Ech kommen derweil ale Däg eruf, on kucken naoch der Zieg – on naoch Eich!«

Gerührt nahm sie Abschied.

Der Abend kam, Margret molk die Ziege und kochte die Suppe; dann stand sie am Brunnen und wusch sich und scheuerte sich, als sei acht Tage kein Wasser an ihren jungen Leib gekommen. Blitzeblank und rein, das konnte der heilige Rock verlangen. Dann kniete sie drinnen in der Stube vor dem Muttergottesbild, das aus schmalen Goldrähmchen grell und vielfarbig von der getünchten Wand herunterschielte. Lang und innig war ihr Gebet. Heute betete sie nicht nur das Vaterunser und den Englischen Gruß – die Erwartung, die Spannung, das geheime Sorgen vor dem kommenden Tag drängten ihr eigene Worte auf die Lippen.

Todmüde sank Margret auf ihr Lager. Die Hände auf der Brust gefaltet, atmete sie bald tief und gleichmäßig im süßen Schlaf der Jugend.

Als sie erwachte, graute schon der Tag, und hinter rosigen Wölkchen schien die Sonne den Morgentraum abzuschütteln; es war Zeit zum Aufbruch. Frau Anna weinte, als die Tochter vor ihr stand, so frisch und rotwangig, das festtägliche schwarze Kleid hochgeschürzt über dem blauen Friesrock, das winzige goldene Kreuz am schwarzen Schnürchen um den schlanken Hals. In der Hand hielt sie das Bündel, drinnen der Mutter Hemd, durch das der heilige Rock Wunder wirken sollte, ferner die blankgewichsten Schuhe und die weißen Strümpfe; die wurden erst angezogen draußen vor dem Tor der Stadt. Auch das Geschenk der Pate, die Sonntagsschürze mit den bunten Blumen, war eingepackt; sie war Margret's bestes Stück, ihr Stolz und ihre Freude, aber für den heiligen Rock war nichts zu schade.

Zuversichtlich blickten die hellen Mädchenaugen in das Gesicht der Mutter: »Adjö – wann ech widderkomm', seid Ihr gesond!«

Noch ein Händedruck, das Zeichen des Kreuzes auf Stirn und Brust, ein gemurmelter Segenswunsch, ein freundliches Nicken – nun war sie fort, nun stand sie auf der Schwelle, und der erste goldene Sonnenstrahl küßte ihre runden Kinderwangen.

So begann Margret's Wallfahrt. –

* * *

Die Vögel zwitscherten in den Büschen, Tautröpflein hingen gleich Diamanten an Blatt und Gras, als sie leichtfüßig den Berg hinuntersprang. Drunten im Nebel und Morgengrau lag Kyllburg. Die Hähne krähten, aber noch kräuselte sich kein Rauch aus den Schornsteinen, die Leute schliefen alle. Ja, da war's schön in Kyllburg, da mochte einer wohl hausen! Da war man nicht gar so allein wie droben auf dem Berg, und die Mädchen saßen abends in den Spinnstuben und lachten, jede mit ihrem Schatz. So ein Schatz war doch was Schönes! Wie mocht's nur einem Mädchen zumute sein, das einen Schatz hatte? Ob sie, die kleine Margret, wohl auch mal einen bekam? Sicher nicht. »Arme Mädercher kriehn kein Schatz«, sagte die Mutter.

Hopps, da war ein Stein, da wäre sie beinahe gefallen! Das kam von dem dummen Denken; was ging sie ein Schatz an? Sie war die arme Margret und ging zum heiligen Rock – punktum. Und nun zog sie den Rosenkranz aus der Tasche und ließ die kleinen Kügelchen durch ihre Finger rollen, und die frischen Lippen murmelten emsig ein Vaterunser nach dem anderen dazu. Das kürzt den Weg.

Der Wald ward dichter, die krüppligen Föhren und ärmlichen Birken wandelten sich in schlanke Buchen und stattliche Eichen; es sprosste allerhand buntes Blumengesindel, ein warmer Hauch zog durch die Luft und ein Quellchen rann eilfertig zu Tal. Ah, hier war's schön! Margret stand still und holte tief Atem, sie war wacker zugeschritten, die Sonne stand im Mittag.

Bis jetzt war ihr kein Mensch begegnet, mit sich und ihrem Engel allein, war sie durch die Welt gewandert; aber nun tönte es aus der Ferne wie summende Stimmen, nur wenige Schritte noch, der Wald hatte ein Ende, und sie stand an der breiten Landstraße; jenseits floss ruhig und schön die Mosel. Wie ein silbernes Band schlängelte sie sich, weich und schmiegsam, zwischen den rebenbekränzten Ufern, sanft fluteten ihre Wellen, und die goldene Sonne und der lachende Himmel guckten hinein in den klaren Spiegel.

Margret's Gesicht glänzte. Da war ja die Mosel, nun war's nicht mehr weit, bald mußte sie die Glocken von Trier hören! Und da kam es auch schon daher, langsam und würdevoll, eine stattliche Prozession mit wehenden Fahnen. Voran schritt der Vorbeter, er stimmte einen Gesang an und betete das Ave, und der Chor fiel bei der zweiten Hälfte summend und brummend ein. Margret kreuzte sich und trat zur Seite in den Graben.

Was waren das für viele Leute! Gern hätte sie sich angeschlossen, aber die Weiber am Ende blickten so abweisend, und eine junge, hübsche Person im roten Unterrock musterte sie von Kopf zu Füßen, so daß ihr der Mut fehlte. Sie wartete, bis alle vorbei waren, dann folgte sie in einiger Entfernung dem Zug, der wie ein langer, schwarzer Wurm längs der Mosel dahinkroch. Wo die ganze Herde den Weg weist, da kann das einzelne Schäflein nicht irren. –

Die Sonne brannte, der Staub wirbelte auf, kam das Trier denn noch nicht?! Margret's Magen knurrte, ihr Füße fingen an zu schmerzen – ob's nicht besser war, die Schuhe anzuziehen? Aber nein, die mußten blank bleiben; nur tapfer weiter! Endlos dehnte sich die Straße, ewig wechselten ein Apfelbaum – ein Birnbaum – hier und da ein Steinhaufen und ein Meilenzeiger – o, wie lange das dauerte!

Weit voran waren schon die Wallfahrer, Margret humpelte müde hinterdrein; gern hätte sie auf dem Stein am Wege ausgeruht, aber da verlor sie den Zug aus den Augen, das durfte nicht sein. So zog sie nur ein Stück Brot aus dem Bündel und einen Happen Ziegenkäse; im Weiterschreiten biß sie mit den gesunden Zähnen hinein. –

Die Sonne neigte sich zur Rüste, der Abend umwob mit duftigem Schleier Fluss und Tal; nur oben die Gipfel der Berge schimmerten noch in goldenem Licht, und am Himmel umsäumten sich kleine Wolkenkissen mit zartem Rosenrot. Margret's klare Augen blickten müde, langsamer hob sich ihr Fuß. Ach, wer doch ruhen könnte wie die Vögel, die eben in's Nest schlüpften – da, horch! – surrte nicht ein Ton durch die Luft, tief und klangvoll, und nun noch einer und noch einer, und trug der Wind nicht andere Stimmen herzu, die fielen ein, feiner und dünner, und umrankten mit zartem Gebimmel den einzigen großen Ton? Die Glocken von Trier!

Das müde Kind faltete die Hände, dann eilte es freudig weiter – nun noch um die Biegung der Straße – da lag das großmächtige Trier, beglänzt vom Abendstrahl, mit seinen grauen Dächern und Türmen, jenseits der Brücke, die sich in steinernem Bogen über den Fluss schwang.

Und über die Brücke schob und drängte es. Fußgänger, vereinzelt und zusammengeschart, strebten eilig hinüber, Wagen rasselten in langen Reihen, Fahnen wehten; das war ein Wandern, ein Treiben hinein in die begnadigte Stadt, daß dem einsamen Mädchen das Herz stockte. Nein, da ging sie noch nicht hinein, da blieb sie die Nacht doch lieber hier, diesseits der Mosel, wo nicht so viele Häuser standen.

Ein einzelnes Wirtshaus lag am Weg, da wollte sie einkehren. Ihre Hand tastete nach den wenigen Groschen im Sack, sie hatte ja Geld, sie konnte zahlen; und nun schritt sie näher herzu auf dem kleinen Pfad, der seitab zu der Herberge führte. Fast wäre sie wieder umgekehrt, ein wüstes Stimmengewirr tönte ihr entgegen; aus den offenen Fenstern schallte Gesang, Gejohle und Gelächter. Im Hof stand eine Wagenburg aufgefahren, Aufwärter und Mägde eilten geschäftig hin und her. Schüchtern trat sie in die Tür, niemand kümmerte sich um sie; sie legte ihr Bündel auf das noch unbesetzte Eckchen einer Bank und klemmte sich daneben, die Hand fest auf ihre Habseligkeiten gelegt. Es schwindelte ihr. Was war das für ein Lärmen und Geschrei! Da war kein Plätzchen unbesetzt, jeder trieb, was er wollte; hier spielten ihrer drei Karten, hier zankten zwei und drohten sich mit den Fäusten, hier saßen ein paar und beteten ihren Rosenkranz, dort hatte sich schon einer auf die Streu geworfen und schnarchte laut, da in der Ecke saß die hübsche Person im roten Unterrock, der Margret auf der Straße begegnet war, und schäkerte mit ein paar Burschen.

Ob sie die mal fragte? Die schien doch recht freundlich! Errötend trat sie näher: »Maacht Ihr auch nao Trier zom heiligen Rock?«

»Ei jao!«

»Bleiwt Ihr de Nacht hei? Ech mechten aach gaor e su gären dao bleiwen« – sie zog ihre Groschen aus der Tasche – »dao, zaohlen kann ech – äwer allein graulen ech e su!«

Die Angeredete hatte erst ruhig zugehört, nun stieß sie einen ihrer Begleiter in die Seite, zwinkerte dem andern zu, und alle drei brachen in ein nicht endenwollendes Gelächter aus.

»Dau kannst jao bei mir bleiwen«, rief der eine Bursche und zwirbelte den Schnurrbart unternehmend in die Höh, »dann is 't dir net graulich!«

Er wollte Margret umfassen, sie stieß ihn zurück, faßte blitzgeschwind ihr Bündel und war zur Tür hinaus, so flink wie ein Eidechschen. Wie gepeitscht rannte sie von dannen; erst, als sie eine weite Strecke fort war und der Lärm des Wirtshauses längst verklungen, hielt sie hochatmend inne. –

Was nun? Zurück in's Wirtshaus zu den vielen Menschen, in den Lärm, das Geschrei? Nein, o nein! Weit lieber hier draußen unter Gottes freiem Himmel, wo die Sterne gleich freundlichen Augen herunterglitzerten und die Grillen im Grase traulich zirpten. Da stand hinter den Büschen eine niedrige Strohhütte, die gehörte wohl dem Obstpächter, der von hier aus seine Bäume bewachte. Ob jemand drinnen war? Vorsichtig guckte Margret hinein, die Hütte war leer und halbverfallen; mit einem Seufzer der Erleichterung kroch sie unter das niedrige Dach. Sie langte ihr letztes Stück Brot vor, und als das verzehrt war, schob sie ihr Bündel als Kissen unter, zog ihr Kleid über dem Kopf zusammen und schlief ein. –

Strahlend und golden stand die Sonne schon am Himmel, als Margret aus tiefem Schlaf erwachte. Verwirrt schaute sie um sich; wie ein Traum schien ihr der gestrige Tag, und sie selbst kam sich anders vor, wunderbar fremd und unbekannt. Ja, da lag das großmächtige Trier, da war die Mosel, da das Wirtshaus, aus dem sie geflohen – und sie selbst? Ei, sie war doch die Margret, die zum heiligen Rock wanderte! Nun galt's! Hurtig schlüpfte sie hinunter zur Mosel hinter das dichte Weidengebüsch, niemand sah sie; sie streifte das Kleid ab, badete Gesicht, Hals und Arme in der frischen Flut und ließ die klaren Wellchen über ihre nackten Füße rieseln. Ihre langen Zöpfe flocht sie auf und strählte sie mit Wasser, daß sie hübsch glatt und gedrechselt hinter den rosigen Ohren lagen; nun noch den silbernen Pfeil* hindurch, Schuh und Strümpfe angezogen, die köstliche Schürze vorgebunden – fertig war sie. –

Die Straße entlang zogen die Scharen von Wandrern; mancher schaute wohlgefällig hinter dem jungen Bauernmädchen drein, das schmuck und lenzesfrisch, frommen Glauben in den Augen, dem heiligen Rock entgegenging. War gestern schon Gedränge auf der Brücke gewesen, so war's heute noch tausendmal mehr. Wie ein Ameisenhaufen kribbelte und wibbelte es, die Luft erzitterte von dem eintönigen Gemurmel: »Heiliger Rock bitt' für

* Abbildung Seite 204

uns.« Eine Prozession nach der anderen schob sich über die uralten Steinbogen.

»Heiliger Rock bitt für uns« – »heiliger Rock bitt für uns!« Es summt wie ein Bienenschwarm, es wälzt sich durch die engen Gassen, die in festlichem Schmuck glänzen. Da ist kein Haus, kein Häuschen, hoch noch niedrig, in dessen Fenstern nicht bunte Teppiche hängen, Fähnchen wehen, Heiligenbilder hinter brennenden Kerzen prangen, andächtige und neugierige Zuschauer sich drängen. Je näher dem Dom, desto größer das Getriebe! Auf den Plätzen, in den Buden preisen kreischende Verkäufer ihre Waren an: »Rosenkränze – frische Brezeln kauft! Pilgerstäbe – leckere Wurst – Beschreibung der Domreliquien, als da sind: Zahn des Petrus, Hand der heiligen Anna, Splitter und Nagel vom Kreuz – kauft, kauft! Einzig wahre und getreue Abbildung des heiligen Rocks – unerhört billig, zehn Pfennig das Stück!« – Heiliger Rock, heiliger Rock, wohin man sieht, wohin man hört ein ohrenbetäubender Lärm, ein sinnverwirrendes Durcheinander; und durch das Chaos von Farben und Tönen, Staub, Dunst, Betrug und Wahrheit, Glauben und Unglauben, zieht sich wie ein leitender Faden das eintönige Murmeln der Prozessionen, das dumpfe Läuten der Glocken.

Margret war schier betäubt. In einem Bäckerladen hatte sie eine Semmel verzehrt, die freundliche Frau hatte sie zurechtgewiesen; nun stand sie verloren auf der Gasse, ihr Bündel fest unter den Arm gepresst.

Eine neue Prozession kam daher; sie drängte sich hinter eine der letzten Frauen im Zug und strebte mit vorwärts. Die eifrig Betende sah sich unwillig um: »Gegrüßet seist du, Maria, voll der Gnaden, der Herr ist – Mädchen, wat willste?«

»In den Duhm, zom heiligen Rock!«

»Wat fällt dir ein? Hei, dat is onse Pression, kost ons vill Geld – maach, dat de wegkömmst!« Das Weib stieß sie grob mit dem Ellenbogen. Weiter zogen die frommen Beter, und tränenden Auges sah ihnen Margret nach. Da gingen sie hin, die Glücklichen, die Auserkorenen! Die kamen nun zuerst dran, denen gab der heilige Rock schon alles, für sie blieb nichts mehr übrig, und sie hatte doch eine kranke Mutter zu Haus – oh! Eilig lief sie nach.

Da war sie am Domplatz, aber eine ungeheure, vieltausendköpfige Menschenmasse trennte sie von dem grauen Portal, das, weit geöffnet, die strömenden Scharen kaum fassen konnte. Die Domschweizer in ihren roten Gewändern mit den langen Stäben standen wie feurige Cherubim am Eingang zum Paradiese und ordneten die Reihen und wiesen zurecht. Langsam schob sich die Menge vorwärts. Ganz hinten stand Margret, eingepresst und eingeengt. Endlich gab die Mauer vor ihr etwas nach, sie schlüpfte durch, nicht achtend der Knüffe und Stöße – nun war sie nahe am Portal – nun ging's nicht weiter, dicht gestaut stand die Menge. Da gab's kein Vor und Zurück, auch hielten die Schweizer die Stäbe vor. Keiner kam mehr durch.

Mit lautem, klingendem Seufzer schlossen die Glocken; brausende Orgelklänge ertönten. Weihrauchdüfte wehten. »O vestis inconsutilis« klang's, wie von Engelstimmen gesungen, heraus aus der Kirche in die sonndurchflimmerte Luft, feierlich, getragen über die Köpfe der unabsehbaren, schauernden Gemeinde. Wie ein reifes Ährenfeld, durch das der Wind streicht, so neigten sich die Häupter; ein jeder sank in's Knie und schlug an seine Brust. »O vestis inconsutilis« kam's wie ein Hauch von tausend Lippen. Jeder lauschte in der weiten Runde. Im Dom schwieg der Gesang, man hörte die hallende Stimme des Priesters – dann ward alles still. – »Nun zeigen sie den Rock! Nun rühren sie daran!« flüsterte es um Margret. »Nun werden sie all ihre Sünden los und die Kranken gesund!« – Ach die Glücklichen! – – –

Über Margret's Wangen rollten dicke Tränen. So weit war sie gewandert mit müden Füßen, nun stand sie dicht vor der Tür und konnte nicht zum heiligen Rock. Ihre Brust hob sich in bitterlichem Schluchzen. Ein paar feingekleidete Herren neben ihr wurden aufmerksam. »Mädchen, warum weinst du?« fragte der eine ganz freundlich. Erst erschrak sie, dann stammelte sie: »Ech – ech kommen e su weid här – owen von der Eifel – ech haon derhäm en kranke Modder, hei es er Hemd« – sie zog's ein wenig aus dem Bündel – »dat sollten dän heiligen Rock anröhren, on nau kaonn ech net erein zo em – oa Jeß – oa – oa on nau werd mein Modder net gesond!«

Der Herr biß sich auf die Lippen und stieß seinen Gefährten an; der hielt den Hut vor's Gesicht und drehte sich rasch um. Da sagte der erste wieder: »Liebes Kind, weine nur nicht; das tut gar nicht not, daß du in den Dom kommst. Tritt nur hierher zu mir; stell dich mal auf die Zehen – siehst du da drinnen in der Kirche, vorn am Altar das Rote? Das ist der heilige Rock. Jetzt bewegt sich's – paß nur auf – siehst du ihn?«

O, das Rote, das war's? So schön grell und bunt, schier wie der Rock des Mädchens bei den Wallfahrern. Laut atmend stand Margret auf den Zehen und reckte die Hände: »Heiliger Rock – mein' Modder!«

»St«, – der fremde Herr zog sie nieder. »Siehst du wohl, nun hast du ihn gesehen, und er dich auch; hören kann er dich bis hierher. Nun bete du, was du kannst, und wenn sie drinnen im Dom wieder singen und läuten, dann wird deine Mutter gesund!«

Margret verbarg ihr Gesicht in den Händen – o, beten wollte sie schon, was sie konnte! Und sie betete aus Leibeskräften, daß ihr der Schweiß auf der Stirn perlte, betete alle Gebete, die sie gelernt hatte, und zum Schluß immer das eine: »Heiliger Rock, heiliger Rock, maach mein' Modder gesond!«

Drinnen im Dom hub wieder die Orgel an, und die seligen Stimmen schwebten vom Chor: »Ecclesia missa est.« Mit einer großen Zuversicht, mit einer heiligen Freude im Herzen erhob sich Margret von den Knien – ja, die Mutter ward gesund!

Als sie umherblickte, war von dem freundlichen Herrn nichts mehr zu sehen; die Menge zerstreute sich. Nun fühlte sie erst, wie müde und hungrig sie war. Die Knie zitterten ihr; auch brannte die Sonne heiß und stechend, und weiße Wolken ballten sich, es konnte wohl ein Wetter aufziehen.

Sie mußte ein wenig ruhen, aber nicht hier drinnen in der dunstigen Stadt, draußen vor dem Tor, im Grünen; dann wollte sie gestärkt den Heimweg antreten.

Ungehindert wanderte sie die Straßen zurück, die sie gekommen; von den letzten Groschen kaufte sie Brot und etwas Obst. Dann eilte sie mit ihren Schätzen über die alte Brücke hinaus zu den heimlichen Weiden am Moselufer. Der Lärm der Stadt blieb zurück; nichts regte sich, nichts rührte sich hier, als der Windhauch in den Büschen und die blauen surrenden Fliegen in der Luft. In der Mosel sprang ab und zu ein Fisch schnalzend in die Höhe und fiel plätschernd zurück ins erquickende Nass. Eine traumhafte Stille umwob das müde Kind; kein Glockenhall, kein Menschenruf, kein Laut der Welt.

Das Brot war verzehrt, die Früchte auch. Margret saß unter den schattenden Weidenbüschen, der Kopf sank auf den Arm – nur ein halbes Stündchen! –

Ob sie gar geschlafen und wie lange, das wußte sie nicht; ein lautes Lachen schreckte sie auf. Vor ihr standen die beiden Herren, die sie vom Dom her kannte. »Das nenne ich Glück«, meinte der eine, »so ein Gänschen trifft man nicht alle Tage! Du bist wohl sehr erleuchtet, Kleine?«

»Laß sie doch«, erwiderte der Freundliche, »sie ist zu niedlich! – Nun, liebes Kind«, sagte er darauf und faßte sie unter's Kinn, »einen Dank bist du mir aber noch schuldig. Ohne mich hättest du den heiligen Rock nicht gesehen und deine Mutter würde nicht gesund – na, was gibst du mir?«

»Och, guder Hähr«, die Kleine knixte und faßte zutraulich seine Hand, »ech danken Eich auch vill dausendmaol! On wann ich wößt, wuh Ihr wohnen däht, ech mechten Eich e su gären Tannäppel bringen zom Feier anfänken, on Beeren, on for Eier liewe Madam gären ummesunst spinnen!«

»Ich danke dir, Kind«, der Herr verzog den Mund, »das ist zu weitläufig. Aber einen Kuß kannst du mir geben, oder auch zwei – he?«

»Und mir auch«, lachte der andere, »wir sind Freunde und teilen uns drein!«

Das erschrockene Mädchen starrte von einem zum andern; es zog mit der Linken seine Röcke an sich und hielt den rechten Arm abwehrend vor. »Ne – ene!«

»Doch, doch – hab' dich nicht so, Kleine!«

Das Gesicht des Freundlichen war lange nicht mehr so nett; er streckte die Arme aus und preßte die Widerstrebende an sich. Mit einem gellenden Schrei riß sie sich los und sprang zurück.

Da rauschte es in den Büschen. Eine kräftige Männergestalt trat zwischen sie und ihre Verfolger. »Laoßt dat Mädche gehn – auf der Stell« – der Neuangekommene schwang einen derben Knotenstock – »oder ich ziehn' Euch eins üwer, Ihr – –«

Die Beiden machten sofort kehrt, etwas murmelnd von »ungeschliffenem Bauernbengel« oder dergleichen.

Margret stand wie angewurzelt, sie war so erschrocken, daß sie zitterte.

»Komm!« sagte der Bursche und faßte nach ihrer Hand.

Willenlos folgte sie auf die Straße, die sie am Tage vorher gekommen war. Eine Weile schritten sie nun nebeneinander her, ohne zu sprechen; schüchtern ruhten die Augen des Mädchens auf der Gestalt des Burschen. Wie schlank und kräftig er war, und wie hübsch kraus sein Haar, und so keck das blonde Schnurrbärtchen! Eine tiefe Röte breitete sich über Margret's Wangen; leise zog sie ihre Finger aus der sie sanft umschließenden Hand und trat hinüber auf die andere Seite der Straße. Nun gingen sie, er hüben, sie drüben; und nur zuweilen glitten die Blicke verstohlen von rechts nach links. Der Himmel hatte sich verfinstert, die stechende Sonne sich längst verkrochen; von jeweiligen Windstößen beugten sich die Bäume am Straßenrain und ließen einen Schauer von Blättern und reifen Früchten herunterfallen. Die Stadt war hinter einem Schleier von wirbelndem Staub verschwunden; ganz in der Ferne grollte leiser Donner, ängstlich flatterten die Vögel und suchten piepend ein Versteck. Die Berge fingen an, graue Nebelkappen überzuziehen, und die Luft roch nach Kühle und Regen.

»Et gitt schlächt Wedder«, sagte endlich der Bursche und sah prüfend zum Himmel auf.

»Jao«, sagte Margret.

Richtig! Da fiel auch schon der erste Tropfen, dick und unverschämt.

»Wuh biste här?« fragte der Bursche.

»Owen von der Eifel bei Kyllburg!«

»Zo Kyllburg sein ich auch daohäm – dat trifft sich jao gud, dao kennen mer zosammengiehn!«

»Oa jao«, sagte Margret und atmete erleichtert auf. Ihr war recht wohl neben dem stattlichen Begleiter; nun konnte ihr keiner was antun, nun brauchte sie sich nicht zu graulen durch die Nacht und den Wald zu gehen.

»Ech sein dän Valentin Rohles; mein Vadder es dud, ech wertschaften met meiner Modder allein – äwer die es als e su ald!«

»O jao«, sagte Margret wiederum. Sie kannte den Namen, er war einer der besten im Ort, aber den Burschen hatte sie nie gesehen; die Mädchen in Kyllburg hatten sich wohl gefreut, wenn der hübsche Rohles von den Soldaten heimkäm, aber was ging die Häuslerstochter der Bauernsohn an? Was die Mädchen in Kyllburg wohl sagen würden, wenn sie jetzt sehen könnten, wie freundlich der reiche Bursche mit der armen Margret sprach?! Sie guckte an sich nieder – war ihr Anzug auch noch schön in Ordnung? Dann sah sie mit den klaren Augen dankbar und vertrauensvoll zu ihrem Begleiter hinüber.

»Ech sein et Margret von Balduin's Häuschen! Ihr könnt dat von Kyllburg aus owen am Berg liege siehn!«

»On wat wolltste zo Trier? Biste aach zom heiligen Rock gewest?«

Ja, das war's eben. Und nun sprudelte über Margrets Lippen die ganze Geschichte ihrer Leiden und Freuden; es tat ihr so gut, einer Menschenseele anzuvertrauen, was ihr Herz belastete und bewegte. Im Eifer der Rede kam sie von ihrer Straßenseite herüber, dicht neben den Burschen, und legte mehr als einmal die braunen verarbeiteten Finger auf seinen feinen blauen Tuchrockärmel. »Äwer eweil es alles gud«, schloß sie, »mein' Modder wird gesond – o du heiliger Rock!« Sie jauchzte vor Freuden und hüpfte wie ein Reh über die Pfützen der Straße.

Sie hatte nicht acht, daß während ihrer Erzählung mehr als einmal ein halb spöttisches, halb gutmütiges Lächeln um die Lippen ihres Zuhörers glitt. Er räusperte sich zuweilen; seine Augen sahen mit merkwürdig schelmischem Zwinkern auf sie nieder, um dann fest auf ihrem vom Eifer geröteten, lieblichen Gesicht zu ruhen. Die offenen braunen Augensterne und die schalkhaften blauen begegneten sich in einem langen Blick; sie hafteten ineinander, bis das Mädchen, plötzlich errötend, die seinen niederschlug und der Bursche mit verlegenem Schmunzeln sagte:

»Bis en gudes Mädchen, Margret, gib mer als immer widder dein Hand!«

Es regnete stärker, ja, es goß. Margret schlug ihren Rock über den Kopf und hielt ihn fest zusammen. Was war natürlicher, als daß der Bursche den Arm um ihre Schultern legte und sie leitete, ging sie doch halbblind durch die Welt, und einzig und allein die Nasenspitze guckte wie ein rosiger Punkt aus der schwarzen Umhüllung.

Der Abend dämmerte schon; früher als sonst sank er nieder in Wolken- und Regenschauern. Der Boden war aufgeweicht und klebte an den Sohlen, aber trotz alledem war's nicht häßlich zu wandern; der Bursche machte große Schritte, und die Mädchenfüße eilten vergnügt, wie beschwingt, nebenher. Was schadeten Dunkelheit und Nässe, wenn sich's so behaglich schwatzte! Und in ihren Herzen saß eine heimliche große Freude, die vor den Füßen herlief, den Weg mit Rosen bestreute und den grauen Himmel blau anglänzte. Die ganze schmutzige, verregnete Welt schien zum leuchtenden Paradiesgarten umgewandelt. Was der heilige Rock nicht alles schafft! –

Stunden flossen vorüber. In dem einsamen Wirtshaus, das an der Wegscheide liegt, wo der Eifelbewohner die Mosel verläßt, um aufwärts in seine Berge zu steigen, kehrten sie ein. Seit Mittag waren sie nun gewandert; Margret biß mit Wonne in ein kräftiges Butterbrot und trank in langen Zügen aus dem Glase, das ihr der Bursche hinhielt. Wie das schmeckte! Der feurige Landwein rollte ihr erwärmend durch die Glieder und versetzte sie in einen seligen Taumel.

Der Valentin sagte: »De kannst als immer ›du‹ for mech saon!«

Das tat sie denn auch; so leicht und flüssig glitt das ›du‹ über die Lippen, als hätte sie's ihr Lebtag zu ihm gesagt.

Nachdem sie eine Stunde gerastet, brachen sie wieder auf. Der Regen hatte aufgehört, die volle Mondscheibe schimmerte mit hellem Licht hinter zerrissenen Wolken. Der Weg wurde steinig und mühsam; große Furchen hatte das strömende Wasser ins Erdreich gerissen, der Fuß rutschte aus, mehr als einmal mußte der kräftige Arm des Mannes das strauchelnde Mädchen umschlingen.

Margret wurde sehr müde, ihr Plaudern hatte aufgehört; wie ein verschüchtertes Vögelchen duckte sie sich an den starken Gefährten. Wie gut der war! Er führte sie wie ein Kind, er hob sie über Wasser und Steine, und ab und zu sprach er tröstend: »Baal sein mer derhäm!« Das ›Bald‹ war eigentlich ›Rechtlange‹; zuletzt trug er sie mehr, als er sie führte. Margret empfand alles wie im Traum; sie hielt die Augen geschlossen, sie dachte in seligem Vertrauen, es gehe so in die Ewigkeit weiter. Sie fuhr fast erschrocken zusammen, als der Bursche plötzlich stehenblieb und mit der Hand in die Ferne wies, wo im grauen Nebel hie und da noch ein Lichtlein glänzte.

»Kyllburg!«

Sie schlugen den schmalen Pfad seitab und bergaufwärts ein; Margret war wieder wach. Hier dieser Weg, der führte zur einsamen Hütte droben auf kahler Höh', bald war sie zu Haus, die alte Margret – und der Traum hatte ein End'! Sie eilte nun vor dem Burschen her, hier kannte sie jeden Tritt, jeden Stein, jedes Rinnsal. In ihrem Herzen ging es hin und her, auf und nieder, Bedauern und Freude; Bedauern um's Scheiden von dem Begleiter, Freude auf's Wiedersehen mit der Mutter. Sie wußte selbst nicht, wie das so seltsam war.

Nun hielten sie inne. Da war die Hütte, dunkel und still, mit dem Grasrain davor und den dicken Sonnenblumen; da stand der Brunnen und der verfallene Ziegenstall, und der Mond übergoß alles mit silbernem Licht.

»Ech danken dir aach vill dausendmaol«, sprach sie leise und griff nach der Hand des Burschen.

Der war merkwürdig still geworden; nun sagte er: »Hm – dau – hm. Dem Hähr unnen zo Trier wolltste ke Küßche geben, äwer mir könnste doch – Margret, wat maanste?!«

Halb lächelnd, halb bittend beugte er sich nieder zu ihrem Gesicht. Ja, was war denn das?! Margret, die kleine schüchterne Margret schlang beide Arme um seinen Hals und gab ihm einen rechten, echten, wahrhaftigen Kuss, mitten auf den Mund! Dann riß sie sich los und sprang in die Hüttentür.

Der Bursche stand auf dem feuchten Rasen und wartete, bis drinnen in Balduin's Häuschen ein Lichtlein erglommen. Dann sprach er laut und fest vor sich hin: »Die will ech!«

So endigte Margret's Wallfahrt.

*   *   *   *   *

Der Pündericher Jusep

veröffentlicht in der Volkszeitung Berlin, 1895

Hei, wie sie singen, wie sie jauchzen! Und dazwischen Böllerschüsse, Raketengeknatter, daß die Berge widerhallen! Auf den Höhen lohen Freudenfeuer; blaue, rote, grüne Leuchtkugeln steigen zischend empor zum sternbesäten Himmel und grüßen die funkelnden Brüder dort oben! Die stehen ewig strahlend und groß in unermeßlicher Weltferne, sie aber sinken zurück und verlöschen im Schoß der sanft flutenden Mosel. Ein kurzer Glanz, ein kurzes Leben ist ihnen gegeben, d'rum leuchten und prasseln, d'rum sprühen und blitzen sie doppelt so stark – lustig, lustig, freut euch der Pracht!

Die steilen Weinbergspfade strömt Jung und Alt herab. Die Alten schreiten bedächtig, mit eingeknickten Knieen, die Tonpfeife im Mund, ein behagliches Schmunzeln auf dem wetterharten, lederfarbenen Gesicht; die Mädchen hüpfen wie die Gemsen, sie lachen, sie tanzen fast die schmalen geschieferten Stufen hinunter, und die Burschen, in blendend weißen Hemdärmeln, den Hut tief im Nacken, trapsen mit den nägelbeschlagenen Schuhen als sollten die Berge weichen und die Hügel hinfallen. – »Juch!« – Hier der schlanke Bursche mit dem blonden Kraushaar und dem keck gezwirbelten Schnurrbart, – dort der Braune mit den dunklen Augen und dem Schelmengesicht, – wie sie jauchzen, wie sie schreien! Das Echo möchte schier närrisch werden. »Ho ho – ha ha –,« wo soll es denn nur zuerst antworten? Hier – dort – diesseits – jenseits? Denn da drüben, auf der anderen Seite des Flusses, jubeln auch Menschenstimmen – »juch« und nochmals »juch!« – »Heißa« und nochmals »heißa!« – Herüber und hinüber – freudige Frage und freudige Antwort – Weinlese, Weinlese! Die Leutchen jenseits in Traben sind gerade so lustig wie die hier diesseits in Trarbach. Den schmalen Uferrand entlang zieht langsam Karren und Karren, bepackt mit Kübeln und Bütten. Das ist die letzte Fracht, die heimwärts zur Kelter fährt; würdevoll schütteln die vorgespannten Stiere die mächtigen Häupter und brüllen dumpf, wie bejahend, in all' den Jubel hinein. 's kommt zwar häufig im Leben vor, daß ein Rindvieh bekränzt wird, aber hier die beiden Wiederkäuer sind's wegen wahren Verdienstes, und das ist schon seltener. Um die Hörner schlingen sich zierlich gewundene Weinranken, gelb und rot nicken die herbstlichen Blätter auf die breite sinnende Ochsenstirne. Lorbeeren sind ehrend, Rosen sind lieblich, aber kein lustigerer Kranz als Rebengewinde im Herbst zur Zeit der Lese an beiden Ufern der Mosel! – – Groß und Klein ist zusammengeströmt; wer nur Hände und Füße regen kann, hat sich beeifert, an dem steilen Berghang zwischen den Rebstöcken, die wie Soldaten in Reih' und Glied aufgepflanzt stehen, herumzuklettern und die köstlichen Trauben in die Bütte zu sammeln. Am Morgen war's kühl, Herbstnebel brauten im Tal, weißer Reif lag auf den Beeren, die Finger wurden steif, – am Mittag brannte die Sonne, daß das Schiefergestein sprühte und die Sohle schier verbrannte, der Schweiß perlte über die braune Stirn, – aber nun ist ein milder Abend heraufgezogen, lind und lieblich weht die Luft zwischen den Moselbergen und sammelt auf ihren Schwingen Klänge der Lust, Töne der Freude. Von nah und fern singt es, jauchzt es, knallt es! In Enkirch, Alf, Bullay, Zeltingen, Graach und weiter in Josephshof und Bernkastel, – überall Weinlese, überall Jubel, überall lachende Augen, fröhlich klopfende Herzen.

's ist ein gutes Weinjahr heuer! Hoffnungsfroh schlägt der Weinbauer sein Kreuz beim Bimmeln des Abendglöckchens; der Winzer zieht die Tragbänder strammer über das bauschige Hemd; die Winzerin strählt noch einmal die Zöpfe und schlingt sie um den silbernen Pfeil*, sie schnürt sich die Tanzschuhe an und springt dann fort. Arm in Arm mit den Gefährtinnen, hin zur Schänke, drin sich im weißgedielten, sandbestreuten Saal die Paare schon drehen, und draußen auf der Hausbank neugierige Kinder hocken, die Nase an den Scheiben platt gedrückt. Heut' jagt sie keiner heim in's Bett; Vater, Mutter, Großvater, Großmutter, alle sind heut' selig. Der Vater hebt das Glas und läßt den Mewes, die Barbara, das Schankelodche und das Kett-

* Abbildung Seite 204

che trinken – ha, geht das süffig ein' –. Und die Kleinen schlürfen und schlucken, bis ihnen die Augen übergehen. Lustig, 's ist Weinlese!

Auf der Mosel, im breiten Strahl, den der silberne Mond quer über die dunkeln Wasser gießt, schwimmt ein Nachen. Wie schimmernde Perlen fallen die Tropfen vom leise plätschernden Ruder, – – Perlen bedeuten Tränen, was sollen Tränen? Was wollen die hier zur Zeit der Weinlese, mitten in der schönen jubelerfüllten Abendstunde?! Langsam gleitet der Nachen heran, umflutet vom Mondlicht, in märchenhaftem Halbdunkel; sanft beginnt eine Fiedel zu spielen, ein Waldhorn fällt ein, und nun ertönt eine rohe Männerstimme, schwach, aber angenehm, mit seltsam schwärmerischer Innbrunst:

»O sanctissima
O pissima
Dulcis virgo
Maria.« – – –

Die zitternden Töne verhallen am Ufer, die Alten vor dem Wirtshaus nicken sich zu: »De Pündericher Jusep kimmt – pst, pst – eich mien', hei wär' schon doh!« Sie legen die Hand hinter's Ohr und lauschen, und die Kinder springen von der Bank und rennen das Gässchen hinunter zum Fluß. »De Pündericher Jusep, de Pündericher Jusep!« Der Nachen stößt knirschend an's Land, der Fährmann zieht die Ruder ein und greift nach der Kette, ein Dutzend Hände strecken sich der langen, hageren Gestalt entgegen, die nun schwankenden, unsichern Schrittes über den Bootsrand tappt. Auf der Schulter seines Begleiters, eines humpelnden Burschen gestützt, schreitet der Hagere langsam die Gasse hinauf; er drückt mit der Rechten die Fiedel an sich und hebt die Augen groß und weit zum hohen Firmament. Die Himmelslichter leuchten und funkeln in strahlender Pracht, auf den Bergen lohen freudige Flammen, der Nachtwind säuselt, die Mosel rauscht, die Kinder jubeln; sie hüpfen dem Fiedler voraus, sie hängen sich an sein abgeschabtes Röcklein, sie fassen sich an den Händen und umringen die magere Gestalt. »Pündericher Jusep, Pündericher Jusep, nu krieche mer ebbes se hiere!« Und der Pündericher Joseph steht vor der Wirthshaustür, streicht die Fiedel und singt, und der Lahme bläst das Waldhorn dazu, alte Weisen ziehen über den Strom, frohe und traurige, fromme Hymnen und Schelmenlieder. Die Tanzmusik im Saal ist verstummt, Stampfen und Schwingen ruht, die Paare drängen zur Tür und lauschen, der Bursche umschlingt seine Liebste und küßt sie verstohlen, die Alten wiegen den Kopf hin und her, über manch' runzliches Gesicht fliegt eine Erinnerung froher Jugendzeit, die Kinder horchen mit großen Augen und sperren die Mäuler auf. »Pündericher Juseph, Pündericher Juseph, wat singst Du e su scheen!« Und der Pündericher Joseph freut sich; er nimmt den Hut ab, daß der Wind durch das spärliche graue Haar streicht, und lächelt wie verklärt. Er ist blind.

Ja, so war es schon manches Jahr gewesen. Manchen Abend schon hatte der Blinde seine Lieder erschallen lassen, sei es zur jungen Frühlingszeit, wenn die Täler in Blütenschnee versinken und die Mosel ein weiß rosiges Band umschlingt, – sei es in lauer Sommernacht, wenn die Grillen zirpen und die Berge ausruhen vom heißen Sonnenkuss zu neuem, glühenden Umfangen, – – sei es im reifen Herbst mit schäumendem Most und buntschimmerndem Laub – – oder im flockigen Winter, wenn die Höhen der Schnee deckt, das Feuer im Herd knistert und die Menschen zusammenrücken, – – immer war der Pündericher Joseph ein gern gesehener Gast. Keine Lustbarkeit ohne seinen Fiedelstrich, kein Tanz, keine Kirchweih'; bei der Hochzeit stimmt er das Hoch auf die Brautleute an, beim Begräbnis erklingt sein Sang, rührsam und erbaulich, daß die Weiber schluchzen und die Männer sich gewaltig schnäuzen. In Freud' und Leid ist er der Mund' des Volkes, er gibt die Weise zu dem, was die einfachen Herzen bewegt.

Pündericher Joseph, was singst du so schön! – Auch heute lauschte die Menge wie gebannt, selbst der Amtsrichter von Trarbach, Herr Heinrich Frobenius, der langsam mit seiner jungen Braut am Wirtshaus vorüber wandelte, blieb stehen und zog den Arm der Geliebten fester in den seinen. »Horch' nur, Nellie, wie hübsch der Mensch singt!«

Die schöne Braut neigte lauschend das Köpfchen, dann drängte sie näher. »Bitte, Liebster, lass' uns doch mal hingehen, – – wer ist es denn?«

»Ei, 's ist mein alter Freund, der Joseph Matheis aus Pünderich, ›Pündericher Joseph‹, wie die Leute hier sagen. Habe ich Dir noch nicht von ihm erzählt, Schatz?«

»Nein – – komm'!«

Das Paar trat in den Kreis, die Umstehenden grüßten respektvoll: »Guden Abend, Hähr Amsrichter, guden Abend!« – und machten Platz. Der Joseph schloß eben sein Lied, einer der Nächsten stieß ihn an und raunte: »Jusep, de Hähr Amsrichter kimmt!« Der Blinde scharrte einen Kratzfuß und wandte den Kopf wie suchend zur Seite.

»Guten Abend, Joseph,« schon faßte die Hand des jungen Herrn nach den mageren Fingern und schüttelte sie kräftig, – »na, Joseph, lange nicht gesehen, wie geht es Euch?«

»O Herr, danke, danke ville Male, mir geht's alleweil gut, sehr gut.«

»Freut mich, freut mich, – und immer schön bei Stimme wie eine Nachtigall!«

Über des Sängers Gesicht flog ein kleines, geschmeicheltes Lächeln, er errötete freudig: »Se seind sehr gütig, Herr Amsrichter, sehr gütig.«

»Ja, ja, Joseph, ohne Euch könnte keine Weinlese sein! Hier meine Braut wollte auch garnicht vorbei, als sie Euch hörte. Ihr müßt nämlich wissen, ich bin seit Kurzem verlobt; meine Braut ist aus Trier und vor ein paar Tagen hergekommen, mich zu besuchen und dabei die Lese anzusehen. Ihr könnt mir gratulieren, Joseph, ich bin sehr glücklich!«

»Gottes Segen über Sie, Herr Amsrichter, un über's Fräulein Braut auch,« – der Blinde räusperte sich und griff nach seiner Fiedel:

»Wir Beide sein verbunden
Und fest geknüpfet ein,
Glückselig sein die Stunden,
Die wir beisammen sein!

Mein Herz trägt eine Ketten,
Die Du ihm angelegt,
Mein Leben wollt' ich wetten
Daß keine schwerer wägt!«

Innig und weich drangen die Töne aus seiner Brust, der Herr Amtsrichter war ganz gerührt, und Fräulein Nellie's warme Fingerchen legten sich plötzlich mit herzlichem Druck auf die Hand des Sängers. »Ich danke, ich danke sehr, Herr Joseph! Das war hübsch von Ihnen, Sie haben das gesagt, was ich oft denke.«

»O ja – ,« der Joseph lächelte und ein wehmütiger Zug huschte für einen Augenblick um seinen Mund, – »ich weiß wohl, wie's dem zu Mut tut sein, der einem Anderen so von Herzen gut is, – wenn ich auch nun ein alter Mann bin und blind dazu, im Herzen kann ich doch noch lesen, – ja, ja – !«

»Blind?!« Fräulein Nellie hatte es hastig hervorgestoßen und schmiegte sich nun erschrocken an ihren Bräutigam, – blind – oh!«

»Freilich blind, liebes Fräulein, aber verschrecken Se nit, mir geht's gut, über Bitten und Verstehen. De Welt is sehr schön, un wann ich sie auch nit mehr seh', ich fühl' alles hier drinnen,« – – er legte die magere Hand auf die Brust, – »da innen scheint die Sonn' eben so hell wie draußen auf die Berg' un die Täler un den Fluß, – unser Herrgott meint's sehr gut mit mir!«

Fräulein Nellie gab keine Antwort, sie war nachdenklich geworden, ihr dunkles Auge ruhte wie verwundert, fast betroffen auf dem blassen, kantigen, wenig schönen und doch so freundlichen Antlitz des Blinden. Der Herr Amtsrichter aber legte lachend den Arm um die Schultern des Joseph und schob ihn sanft der Türe zu: »Herein mit Euch, guter Freund, ich lade Euch ein in's Herrenstübchen. 's fängt hier draußen an kühl zu werden, der Nebel liegt auf der Mosel, kommt, trinkt ein Schöppchen mit uns und erzählt meiner Nellie was, – kommt, Alter, kommt!« – –

Es war wohl schon eine Stunde vergangen, im Herrenstübchen saßen noch immer die Drei. Auf dem reinlich gescheuerten Tisch brannte die Lampe und warf einen mild behaglichen

Schein auf die Gesichter. Der Joseph strahlte; seine Hand umfaßte behutsam, ja zärtlich das Glas und führte es schier andächtig zum Munde. Er nippte Schlückchen für Schlückchen, immer kleiner wurden sie, – wie die Kinder am Stück Kuchen zehren, je länger desto besser, so schlürfte er den köstlichen Trank, – bis das letzte Tröpfchen verschwunden war, ach, so eine Gottesgab'! Fräulein Nellie's Hände ruhten verschlungen im Schoß, ihr hübscher Kopf lehnte sich an die Schulter des Bräutigams, ihre Wangen waren gerötet und ihre großen Blicke richteten sich fast unverwandt auf das eingefallene Gesicht des Blinden. Mein Gott, war's möglich, – arm, elend, blind – blind – und doch glücklich?! Mit einem Seufzer richtete sie sich plötzlich auf und legte die Hand auf den fadenscheinigen Ärmel ihres Gegenüber, »Joseph, sind Sie wirklich glücklich? Gewiß und wahrhaftig?«

»Gewiß und wahrhaftig.« Der Blinde sprach's ganz verwundert nach, »warum auch nicht? Ich hab' ha Alles genug! Ich bin sehr glücklich.«

»Wie haben Sie das gemacht? Sagen Sie mir's, bitte, bitte.«

»Aber Nellie – «

»Lassen Se nur, Herr Amsrichter, junges Blut muß Lehr' haben, – – ja, liebes Fräulein, das weiß ich halt selber nit. Es hat ja auch emal eine Zeit geben,« – der Alte fuhr sich über die Stirn, – »aber unsere liebe Frau hat geholfen – gelobt seist du, Maria!« – Der Blinde erhob sich und tastete nach den Händen des jungen Paares. »Wär's nit schon spät, ich könnt' Ihnen manch's verzählen; aber, nun gute Nacht un seien Se bedankt viel tausendmal! Leben Se wohl!«

»Nein, Joseph, ich sehe Sie noch.« Fräulein Nellie nickte sehr bestimmt mit dem Kopf, »ich werde Sie noch sehen, ich will noch mehr von Ihnen wissen, Sie sollen mir sagen, Sie müssen mir erzählen.«

»Nellie, Schatz,« der Herr Amtsrichter amüsierte sich köstlich über den Eifer seiner kleinen Braut, »was willst Du denn von dem Joseph? Willst ihn wohl gar besuchen? Du, der wohnt in keinem Palast, seine Behausung ist sehr bescheidener Natur und – «

»O, Herr Amsrichter, sagen Se das nit, mein Häuschen is sehr schön,« – der Joseph war ganz gekränkt, – »mer hat von da die prächtigste Aussicht weit und breit. Ich sag' Ihnen, wann mer da oben sitzt und sieht die Mosel runter un rauf, wie de Sonn' auf's Wasser scheint, daß es is wie pure Gold – un sieht die Nachen drüber zieh'n – un gegenüber die Berg', so grün un so frisch – un am Himmel die Wolken, weiß wie die Schwän' und rot wie die Rosen, dann meint mer, der Himmel müßt' sich auftun, un mer hört dem liebe Gott seine Engelcher musiziere, – nee, Herr Amsrichter, bei mir is sehr schön, 's Fräulein kann schon immer kommen!«

»Ja, das will ich auch.« Fräulein Nellie war ganz bei der Sache. »Heinrich, Lieber, Guter, Du mußt mit mir nach Pünderich zum Joseph, hörst Du! Morgen, übermorgen, ja?«

»Topp,« der Joseph hielt die Hand hin, »liebes Fräulein, große Freud'! Morgen spiel' ich ze Alf, aber übermorgen, da sitz' ich vor'm Haus un wart' auf Sie – un nun Adjees!« –

»Nellie, Nellie,« der Herr Amtsrichter schüttelte lächelnd den Kopf, als er mit seiner Braut den einsamen Uferpfad längs der Mosel nach Hause wanderte, »bist doch eine wunderliche kleine Heilige!« Sie gab keine Antwort, drückte sich nur näher an ihn und stützte sich fest auf seinen Arm. Schweigend schritten sie weiter, bis der Mann plötzlich stehen blieb und das verhüllende flockige Gewebe auf dem Lockenhaar des Mädchens bei Seite schob.

»Nellie, Liebchen, sag', ist Dir etwas? Mein Gott, Kind, Du hast ja die Augen fest zu und marschierst im Stockfinstern wie eine Blinde?!«

»Blind, ja blind!« – sie schluchzte mit einem Mal auf und warf die Arme um den Hals des Erschrockenen, – »o Heinrich! Ich hab' die ganze Zeit schon die Augen zugemacht, es war dunkel, hu, so dunkel um mich her, – wenn ich Dich nun nicht mehr sehen könnte, die ganze strahlende Welt und Dich – Dich – ich könnte nicht glücklich sein! O, Heinrich, der arme, arme Mann!« Sie weinte bitterlich.

»Du goldenes Herz!« Herr Amtsrichter Frobenius schloß die Geliebte zärtlich in die Arme und drückte Kuss um Kuss auf die nassen Augen, die zarten Wangen, den blütenfrischen Mund, »Du gutes, einziges Mädchen, Du Engel!«

Sie öffnete die Augen, noch feucht von Tränen, die großen dunklen Sterne strahlten ihn an. »Heinrich, womit haben wir's verdient?« murmelten ihre Lippen. »Er ist alt, arm, blind, – wir sind jung, reich, glücklich!« –

Glücklich! Haucht es nicht die Nacht, murmeln es nicht die Wellen, die leise plätschernd an's kiesige Ufer schlagen? Glücklich! Funkelt es nicht in leuchtender Schrift droben zwischen Myriaden von Sternen? Mosel, alte Mosel, du hast ja vieles gehört und gesehen, bist an so manchem vorbei geflutet, seit deine Wellen durch schroffe Berge sich Bahn brachen, war's denn immer so? Wandelten denn da immer Glückliche und Unglückliche, Lieblinge des Geschicks und Stiefkinder? Saßen denn immer diese auf goldenen Stühlen und jene auf dem Aschensack? Rausche nicht so, sprich deutlich! – Ja, wer die Mosel verstehen kann, der hört's: »Immer so – immer so – wird so sein – wird so sein – nur das drinnen, drinnen im Herzen – das macht's – das macht's.« –

Auf der Höhe über Pünderich, nicht allzuweit von der stolzen Marienburg, klebt des Joseph Matheis' Haus wie ein Vogelnest am Gestein. Es ist gar kein Haus, nicht einmal ein Häuschen, 's ist eine armselige Hütte, die drunten von der Mosel aussieht wie ein verlorenes, weißes Klecksen in der grünen Weite. Aber um das Vogelnest weht die frische Luft aus erster Hand, die Sonne lugt am frühesten durch das schmale Fensterlein, und wenn unten in Pünderich schon Dämmerung durch die Gassen schleicht, dann weilt das freundliche Licht noch hier oben und küsst im Scheiden den niederen Dachfirst der Hütte so gut wie die hohen Mauern des alten Schlosses. Drunten, wo die vielen Häuser stehen, die Kirchen und Kapellen, wo die Dampfschiffe über den Fluß brausen und die Nachen ziehen, da ist's wohl schön, aber auf der Bergeshöh' weitet sich die Seele. Da schimmert die Mosel heut' wie ein goldenes Band, morgen wie Silber, übermorgen Ätherduft, und wenn der blinde Mann auch nichts sieht von all' der Schöne, er fühlt die Herrlichkeit. Er sitzt in seinem Dunkel, singt ein Lied zum Preis unserer »lieben Frauen«

und kindlich fromme Gedanken, wie Engel des Himmels in reinen Feierkleidern, schlüpfen leise in's Herz hinein und schlagen darinnen ihr Lustzelt auf.

Der Joseph möchte nicht hinunterziehen, um alles in der Welt nicht. »Jusep, zieht doch runner, Ihr wohnt jo e su unkommod,« sagen die Leute, aber er schüttelt den Kopf. »Mag nicht,« spricht er, bleibt oben und kraxelt lieber mühselig den steilen Bergpfad hinauf und hinab. Er stützt sich auf den Arm des Hannpitter, des lahmen Gesellen, der mit ihm haust. Der Hannpitter ist ein richtiger Humpelmeier, wacklig auf den Beinen wie ein alter Tisch, hat auch im Kopf den Wurmstich wie ein solcher. Ist zwar noch nicht bei Jahren, hat aber ein Gesicht wie ein Greis. Das kommt von der elenden Jugend; hinter'm Zaun geboren, hinter'm Zaun groß geworden, ohne Vater und Mutter, der Gemeinde zur Last gelegen, bis der Joseph sagt: »Gebt ihn mir, ich bin blind, er ist lahm, 's ist ein altes Sprichwort, daß der Lahme den Blinden führt.« So kam's, der Hannpitter und der Jusep gehörten zusammen, wie der schiefe Deckel auf's zersprungene Töpfchen, sie zogen miteinander zu Jahrmärkten und Kirchweihen, zu Hochzeiten und Begräbnissen, der Blinde sang, der Lahme blies, denn Waldhornblasen war des Hannpitter's einzige Kunst. Nein, noch Kaffe kochen und Kartoffeln in der Asche rösten, das verstand er auch, und ein blödes Lächeln verklärte sein Gesicht, wenn der Joseph sprach: »Ja, mein Hannpitter, der kann's!« –

Heute saß der Joseph am frühen Nachmittag auf der Bank vor seinem Häuschen. Er trug ein grünes Schutzdächelchen über der Stirn, die strahlende Helle tat den lichtlosen Augen weh. Neben ihm, zur Rechten und zur Linken, saßen das junge Paar, der Herr Amtsrichter Frobenius und Fräulein Nellie Aufdermaur. Die Blicke des schönen, jungen Mädchens ruhten voll innigen Mitleids auf dem hageren Gesicht des Blinden und schweiften dann wie erlöst hinunter in's Tal, hinüber zu den Bergen, ringsumher in aller Pracht. War das ein Tag! Die Oktobersonne meinte es gut wie im Frühling, sie lachte ordentlich vom tiefblauen Himmelszelt, färbte das Laub purpurner, die Matten smaragdner, den Strom azurner, wob ein flimmerndes Gespinnst um Tal und Höhen, und schien sich garnicht trennen zu können von der lieben, hübschen, freundlichen Welt. Nellie's glänzende Augensterne umflorten sich langsam, ihre weiße Hand legte sich leise auf die weißen Finger des Blinden.

»Joseph, Sie wollten mir doch erzählen! Erzählen Sie mir von Ihrem Leben, damit ich höre, wie es kam mit dem Glücklichsein – nicht wahr, Sie tun es jetzt? Bitte!«

Der Joseph nickte: »Gern, gern, liebes Fräulein, seien Se bedankt für Ihre Freundlichkeit!« Und er begann: »Ich fange von vorn an, denn wie ich jetzt bin, das wissen Se, aber als ich noch jung war, da haben Se mich nit gekannt, da hat noch kein Menschenseel' an den Herrn Amtsrichter un das gute Fräulein gedacht. Vor 55 Jahre bin ich zu Pünderich geboren, aber nit hier oben, weiter drüben, links, da wo am Hang die weißen Häuserchen steh'n un die Nußbäum' drumerum; ich kann's jetzt nit mehr seh'n, aber vor meiner Seel' ist das Bild so deutlich, ich könnt's akerat hinmalen. Meinem Vater selig hat ein ganz klein's Weingütchen gehört, aber besonders gangen is es ihm nit. Die Jahr' waren nit allzugut, aber wir haben doch Brot un Most gehabt, un das war reichlich genug. Was mein Bruder, der Bastian war, der hatt' en höllischen Kopf; aber ich bin in der Schul' nit recht voran gekommen. 's Lernen is mir blutsauer worden, meine Augen haben auch immer weh' getan un waren alleweil rot un entzünd't. Da hat mein Vater selig en Entschuldigungszettel schreibe lassen, un ich hab' im Sommer dem reichen Job van Nell sein Küh' hüten dürfen. Hinter dem seine Garten war en großmächtige, fette Wiese, mit einem Brunnen am Rand un viel Ringelblumen un rotem Klee. Da hab' ich mitten drein gesessen wie ein König, un hab' gehorcht, wie die Grasmückcher zwitschern un der Kuckuck im Busch gerufen hat. Dem reichen van Nell seine Tochter, die Maria, is gar zu gern auch auf die Wies' gekommen, da hat sie neben mir gesessen un durch das hohe Gras hat mir ihr liebes, weißes Gesicht zugenickt, un wir haben zusammen gespielt Mutterchen un Verkausches, am liebsten aber heilig Kreuz. Das war so. Die Maria tat die Arme zur Seit' breiten wie ein Kreuz, un ich tat hinknien mit gefaltete Händ' un sprach: »Heilig Kreuz, ich bete Dich an – ich hab keine Frau – Du hast kein' Mann – ob reich oder arm – kalt oder warm –

heilig Kreuz, neige Dich – heilig Kreuz, komm küsse mich!« Und dann küßten wir uns. O, das war schön! – Sehr gern hört's die Maria, wenn ich singen tat, un ich sang ihr oft vor stundenlang. Ja, da derfor hatt' ich Gedächtniß! Ich könnt' all die Lieder, die die Bursche un Mädcher sangen, wenn sie abends in langen Reihen die Landstraß' auf un ab wandern, un wenn ich nichts mehr wußt', dann dacht ich mir was, ich sang alles, was ich sonst gesprochen hätt'. Eines Abends kam uns' Herr Vikar daher, der hörte mir eine Weil' zu, dann legte er die Hand auf meinen Kopf un sagte: ›Joseph, Du hast eine gute Stimm', Du solltest sie erschallen lassen zum Preise der Hochgebenedeiten, der süßen Jungfrau Maria!‹ Un dann ging er langsam weiter, blieb oftmals steh'n un horchte nach mir, un ich sang immer lauter un lauter. – Von da fing mein absonderliches Glück an. Es dauerte nit lang, da nahm mich der gute Herr Vikar mit nach Trier, der großen Stadt mit den vielen Kirchen, da prüften sie meine Stimme, un dann sagten sie: ›Ich könnt' da bleiben, ich dürft' in die Klosterschul' geh'n un in der Liebfrauenkirch' singen!‹ O wie war's mir zu Mut, als ich zum erste Mal hoch oben auf dem Orgelchor stand, das Licht mit himmlischem Schein durch die bunten Glasfenster fiel un Weihrauchdüft mich umwehten! Lang' hatt' ich erst lernen müssen, studieren un wieder studieren, aber dann mußten die andern Jungens all' stille sein, ich, ich allein durft' meine Stimm' erheben zum Preis' der allerheiligsten Gottesmutter. O, das Gefühl! Meine eigne Stimm' kam mir fremd vor, sie klang so klar wie Glas, so hell wie der Sonnenstrahl, der auf die Mosel fällt, so hoch wie der Himmel ob den Bergen, – mich überschauerte es, ich faltete heimlich die Händ', ich hört' nit mehr das Orgelspiel, ich sah nit mehr den Taktstock vom Pater Franziskus, ein Sausen war in meinen Ohren, ein Durcheinandergefunkel vor meinen Augen, eine selige Freud' in meinem Herzen – ! Ich sang un sang, als sollt' mir die Brust springen: ›Ave Maria, gratia plena, dominus tecum! Ave Maria, benedicta tu‹ – ›Benedicta tu in mulieribus,‹ wiederholte der Chor. Un dann ich wieder: ›Mater Dei, sancta Maria!‹ – Un dann der Chor wieder: ›Ora pro nobis pecca toribus! Nunc et in hora nostrae mortis‹ – un ich zum Schluß: ›Ave Maria, gratia plena, ave Maria – Amen – Amen!‹ –

Von da ab sang ich täglich in der Liebfrauenkirch'; es ging mir so gut wie den erlösten Seelen im Paradies. Nach Haus' dacht' ich wohl, an meinen Vater, meine Mutter, den Bastian, an meine Küh', die großmächtige Wiese mit den Ringelblumen und dem roten Klee – un an die Maria! Mitten drein im Singen überkam mich oft eine Sehnsucht, durch das hohe Gras zu springen un das weiße, nickende Gesicht zu küssen! Aber dann sah ich das Bild von der Hochheiligsten drüben in der Altarnische, die war auch so schön, die hatte auch so fromme Augen, un die trug sieben Schwerter im Herzen! Das arme Muttergötteschen!

So gingen ein paar Jahre hin, ich schoß mächtig in die Höh', wurde lang und hager, da wollt' es mit dem Singen nit mehr recht, meine Stimm' wurd' brüchig, un ich konnt' nit mehr so die hohen Tön' halten. Meine Augen waren auch nit besser worden, oft wirrten mir die Noten durcheinander wie lauter Fliegen mit Spinnebeiner; sie brannten mir im Kopf wie Höllenfeuer, un es stach mich in den Schläfen wie mit Nadeln. Da sagten die Paters, ich könnt' nu heimgehen, meine Zeit sei aus, geistlich könnt' ich auch nit werden, ich hätt' ja nichts gelernt un Geld hätt' ich auch keins. Schon wollt' ich mein Bündel schnüren, da kam das zweite absonderliche Glück. Ja, wann der Mensch eben so en Glück hat! – Es war eine steinreiche Dam' in Trier, hieß Frau Jakoba Aufdermaur, wohnte hinter'm Dom in einem prächtigen Haus' un ging alle Tag' zweimal zur Kirch' –.«

»Das war meine Großmutter!« – Fräulein Nellie fuhr wie elektrisiert auf. »Joseph, das war meine Großmutter, die hieß so und die wohnte da!«

»So, so,« der Blinde wiegte den Kopf hin und her, »das war eine Dam' wie ein Engel, – Gott schenk' ihr die ewige Ruh' –,« er bewegte leise betend die Lippen, kreuzte sich und fuhr dann fort: »Ja, das war eine Gute, eine Fromme! Die hat mich oft in ihr Haus kommen lassen, mir manchen Taler geschenkt, un wenn sie ihre Kaffeegesellschaft gegeben hat, ihr Kartenspielchen oder wann ihr Namenstag war, dann durft' ich vor der Stubentür steh'n un eins singen. Der tat's grausam leid, daß ich nu wieder heim sollt' un die Küh' hüten, die sprach mit den Paters un macht' eine Sammlung, un redet und schrieb, un über ein Kleines, da schickten se mich nach Köln auf's Konversatorium, da sollt' ich nu ein Kantor werden oder sonst was hohes. Aber in der großmächtigen Stadt, da konnt' ich mich nit finden, – o nein, nein,« – der Joseph schüttelte wie ablehnend den Kopf, »da waren keine Berg', kein Grün, lauter Mauern un Mauern, un der Dom, der sah mich an so ernst und finster, ich konnt' nit drein beten. An den Rhein bin ich gelaufen, aber der floss schier endlos breit un mächtig, der war nit wie unse Mosel, so vertraulich un lieb. Da bin ich denn wieder in meine Kammer in der engen Straß' zurück un hab' über den Noten gesessen un die Finger über die Violin gebogen, aber es wollt' nit gehen. Ich hab' zu der Allerheiligsten gebet' un auch geweint derzu, meine Augen sein alleweil schlimmer geworden, un nach ein Jahr, da kam dann das dritte Glück, – ich durft' nach Haus', nach Pünderich, wo die Berg' grün sind un die Mosel rauscht. Ach, was war ich froh! – Zu Haus' war alles wie vordem un doch nit e so; mein Vater war alt geworden, meine Mutter derzu, un eines Tags hat sie sich hingelegt, is auch nimmer aufgestanden, trotz all' der geweihte Kerzen, die wir geopfert haben. ›Juseppche, Juseppche, wat singst Du e so scheen!‹ hat sie noch zu guter Letzt gesagt, un hat meine Hand gehalten, bis sie tot war. Ich war sehr betrübt, hätt' meine armen Augen ausgeweint, wär' die Maria nit gewesen. Die saß bei mir auf der Wies' wie ehdem, als mir noch Kinder waren, die hat mich aufgericht' un getröst – un das war mein viertes Glück. Die Maria war auch kein bißchen stolz, wann sie auch dem reichen Job van Nell sein' Tochter war. Sie hatte e so ein schönes, feines Gesicht un e so fromme Augen wie die Muttergottes in der Liebfrauenkirch'. Ich konnt' mich nit satt an ihr sehen, ich hab' sie lieb gehabt wie meiner Seelen Seligkeit. Aber was ihr Vater war, der reiche Job van Nell, der hat sauer dreingeschaut, un eines Tags is die Maria zu mir gekommen, hat den Kopf gesenkt wie ein geknicktes Gras un mit Tränen gesagt: »Joseph, lieber Joseph komm' nit mehr auf unse Wies', der Vater will's nit!« Da bin ich ihr um den Hals gefallen un sie mir. – Meine Maria!« –

Der Blinde seufzte und ein unendlich zärtliches Leuchten flog über sein Gesicht. Wie ein Echo seufzte Fräulein Nellie nach und griff nach der Hand ihres Bräutigams, und der Herr Amtsrichter drückte schweigend seine Lippen auf die kleinen Finger. »Ja, ja, liebes Kind,« fuhr der Joseph fort, »damals wollt' mich schier mein Glück verlassen! Der van Nell war wie toll; die arme Maria hatt's schlimm zu Haus', es hat viel Kummer und Tränen gegeben, un da derzu wurden meine Augen so schlimm, daß ich bald nichts mehr sehen konnt'«. Alles wie im Nebel. Ich bin zu den Dokters nach Trarbach, nach Trier, die haben mir nit helfen können, – ›der Sehnerv tät vertrocknen,‹ haben sie gesagt.

Un eines tags, als ich zur Wies' geschlichen bin am frühen Sonntagmorgen, um die Maria zu sehen, – vor Schmerzen in meinen Augen hatt' ich die Nacht nit schlafen können, – da sah ich sie zum letzen Mal. Sie stand am Brunnen, drumherum Ringelblumen un roter Klee, hinter ihr die Sonne, rund, groß, gleich einer feurigen Scheib'. Sie stand in gold'nem Flimmer, wie die Heiligenbilder am Altarschrein. Un sie lächelt wie die Gebenedeite selber, un sie streckt mir die Hand entgegen un mir war's, als hört' ich eine himmlische Stimme: ›Joseph, Joseph!‹ – Ich starrt' sie an, als wollt' ich ihr Bild in mich trinken, ich will hinlaufen zu ihr, – da zuckt's in meinen Augen, – da stößt's drein wie mit Messer, – ich tu einen lauten Schrei, – ich fass um mich un taumel ihr zu Füßen. – Nacht war's, Nacht is es geblieben, – Maria, heilige, bitt' für mich!« –

»O mein Gott, mein Gott, wie schrecklich!« Fräulein Nellie war aufgesprungen und hatte beide Hände des Blinden erfaßt, »armer, armer Joseph!« Der Alte drückte herzhaft die zarten Finger, dann machte er sich sanft los und fuhr mit einem leichten Seufzer fort: »Armer Joseph! Ja, dazumalen hätt' das wohl gepaßt! Ich konnt' mich nit finden un nit fassen. Tag und Nacht hab' ich gejammert, den Kopf an die Wand gestoßen, blutige Tränen geweint, gerungen und gefleht, in der Kirch' auf den Knieen gelegen, bis sie wund waren, Kerzen geopfert, Bittgäng' gemacht, die Händ' zerschunden in Angst und Verzweiflung – un doch war's mein Glück! – Blind bin ich zwar geblieben, aber nachens, da is e so ein große Ruh' über mich gekommen, ich bin im Dunkel gegangen, aber da innewendig is es e so hell geworden, so hell, so hoch un heilig wie in der Liebfrauenkirch'. Das war mein fünftes und größtes Glück! – Un als mein Vater gestorben war, der Bastian alles verkauft hat, was noch da gewest, un da dermit nach Amerika gemacht is, bin ich hier 'rauf gezogen in mein schönes Häuschen. Un nu wohn' ich hier mit dem Hannpitter, zieh' in die Dörfer un Städtcher drunten, sing' den Leut' was, un sie sind alle freundlich un gut. Ja, ich bin glücklich, – gelobt sei die Allerheiligste, gelobt sei Jesus Christus in Ewigkeit Amen.«

»Und die Maria!?« Der Herr Amtsrichter und seine Braut sprachen's wie aus einem Munde. – »O die,« – der Blinde lächelte und hob wie betend die Hände, – die is bei die lieben Nönncher!« –

Die Sonne ging zur Rüste, als der Herr Amtsrichter Frobenius und seine schöne Braut langsam den Berg niederstiegen. Sie sahen beide ernst aus und Fräulein Nellie's rosige Wangen waren erblasst. Die jungen Leute gingen Hand in Hand, sie blieben oft stehen und sahen sich in die Augen; und dann blickten sie zurück, hinauf, wo das dürftige Häuschen am Felsen klebte und eine dunkle Gestalt vor der Hüttentür hockte. Im Tal wogten schon graue Nebel, die Mosel schimmerte ungewiss im Duft, droben war's noch hell, es lag noch wie Sonnenglanz auf den weißen Mäuerlein, auf der einsamen Gestalt in der Hüttentür.

Drunten die Frohen, die Jungen, die Gesunden, die stecken schon in Dämmerung und abendlichem Grau, – blinder Joseph, du weilst im Licht, blinder Joseph, du siehst! –

Das war ein großer Trennungsschmerz, als wenige Tage nach dem Besuch beim Pündericher Joseph Fräulein Nellie Aufdermaur mit Frau Mama, mit Koffern und Schachteln in den Wagen stieg, der sie heimwärts gen Trier führen sollte. Aus war's mit der schönen Oktoberzeit, das Wetter schaute unfreundlich drein, die Sonne hatte sich verkrochen, ein kühler Wind raschelte in den Bäumen und hinter den Bergen braute Regen. O, wie flossen die Tränen! Das junge Herz tat schier, als sollte es den Geliebten für immer lassen und hätte nicht die Hoffnung ihn in so und so viel Wochen wiederzusehen. So ein junges, närrisches Herz!

Ja, das ist eben ungeberdig und ungestüm, will eigensinnig, daß die Weise nun gerade so gehen soll, wie es den Takt dazu schlägt und denkt, es allein wär' der richtige Kapellmeister. Du lieber Gott, wie sich so ein junges Herz irrt! Das Leben ist ein gewaltiger Spielmann, der fiedelt und bläst ganz nach eigener Melodie, sagt nicht erst: »Ist's gefällig« oder »ganz wie Sie wünschen,« – nichts davon, es gibt den Takt an, vier Viertel, drei Viertel, sechs Achtel, neun Achtel etc. und das Herz muss mit! –

Immer wieder und wieder steckte Fräulein Nellie das kalte Händchen über den Wagenschlag und der Herr Amtsrichter küsste noch einmal und noch einmal die bebenden Lippen. »Adieu – leb' wohl – leb' wohl – bleib' gesund – schreib' jeden Tag – komm' bald – geliebte Nellie – geliebter Heinrich – leb' wohl!« Noch ein letztes, halbersticktes Adieu, ein Winken mit dem Hut, ein Flattern des tränennassen Taschentüchleins, Herr Frobenius wanderte betrübt nach Hause, und Fräulein Aufdermaur fuhr noch betrübter die sich schlängelnde, obstbaumumsäumte Chaussee entlang, – links die Mosel, rechts die Berge. Still saß sie in ihrer Ecke und guckte mit umflorten Augen in die getrübte Landschaft hinaus. Nicht viel zu sehen, – ein halbes Stündchen, ein ganzes Stündchen, – kaum ein Mensch, – aber jetzt, dort, an der Biegung des Weges, saß da nicht auf dem weißgestrichenen Meilenstein eine hagere Gestalt im fadenscheinigen Röcklein, die Fiedel im Sack auf dem Rücken? War das nicht der Joseph aus Pünderich? Gewiß der war's! Er wanderte wohl wieder zu Spiel und Sang nach irgend einem Flecken und ruhte hier ein wenig aus. Er war nicht allein; ein paar Schritte entfernt lag der Hannpitter im Grabenrain und kaute bedächtig an einem Brotkanten, vor dem Joseph aber stand eine von »die lieben Nönncher«, hielt seine Hand und sprach gar innig mit ihm. Der Blinde hatte sein Gesicht zu ihr erhoben, eine unbeschreibliche Seligkeit glänzte auf seinen Zügen, er schaute aus wie einer der in den Himmel sieht. Schwarz wehte das Gewand der Nonne, schwarz und düster das verhüllende Kopftuch, am Knotenstrick baumelten Kruzifix und Rosenkranz; aber aus starren, weißen Binden, aus strengen Falten blickte ein feines, klares Antlitz, alt und doch jung, abgeschieden und doch voller Liebe. –

Der Wagen rollte vorüber, Fräulein Nellie blickte zurück, so lange ihr Auge reichte. Noch wehte das schwarze Gewand, noch schimmerte das Kopftuch, – nun traten Bäume dazwischen, – nun wendete der Weg, – nichts mehr zu sehen! Die junge Braut rieb sich hastig die Augen aus und senkte den Kopf wie beschämt. Der Pündericher Joseph aber saß am Wege, hielt die Hand seiner Maria und freute sich. Warum sollte er sich nicht freuen?! Glück muß eben einer haben, und das hat er.

Das Karussellpferd

veröffentlicht in »Frohes Schaffen – Das Buch für jung und alt«, Deutscher Verlag für Jugend und Volk, Wien, 1930

Bilder von Frank Rubesch

Geboren wurde es im schönsten Teil Deutschlands, das heißt, geboren eigentlich nicht, die Werkstatt des Bildners, der es schuf, mochte im Thüringer Sonneberg gestanden haben oder sonst irgendwo, aber es trat zum ersten Male in Erscheinung unter der goldenen Sonne der Mosel, am Ufer des glänzenden Stroms, und Mosellüfte waren die ersten, die sein junges Leben umschmeichelten. Da stand es, stolz, unternehmend, sein Rücken so blank, daß er spiegelte, seine Flanken besät mit rundgezirkelten, dunkelfarbenen Äpfeln, aus geblähten blutroten Nüstern schlug Mut. Die Augen gleich Feuerkugeln sprühten Leben und Luft. Was für ein Schimmel, was für ein herrlicher Apfelschimmel! Lang und wollig fegte sein Schweif die Bretter, er schäumte ins Gebiß, sein rechter Vorderhuf hob sich hoch zum Galopp, nicht viel fehlte, man hätte ihn wiehern hören.

Der Karussellbesitzer war stolz auf seine Neuerwerbung: ja, der Willi, so hatte er den Schimmel getauft, der war was ganz andres als der Gaul, der vordem an seinem Platz im Karussell mitgedreht hatte! Der Willi machte mehr her und würde auch mehr aushalten. Der Rappe vorher war nicht echt in der Farbe gewesen, die hatte sich im Lauf der Jahre an den Hosenbeinen und den Sitzteilen der Reiter abgewischt, auch mußte in seinem Innern ein Wurm genagt haben, denn als Metzger Lambertz mit seinem Schwergewicht darauf hopphopp machte – zudem hielt er noch ein Mädchen, die dicke Annelies, vor sich auf der Kruppe –, da war's um den alten Gaul geschehen, er brach zusammen. Und ging auch nicht mehr zu leimen.

Willi war sehr beliebt. »Up den Appelschimmel!« verlangte jeder Knirps, der seine fünf Pfennig bezahlte. »Auf den Apfelschimmel,« begehrten auch kichernd die Mädchen, die sich vom Schatz heraufheben ließen und mit strampelnden Beinen nach den Steigbügeln suchten. Selbst Familienmütter, schon älteren Registers, verschmähten es nicht, den Willi mal zu reiten.

Keine Kirmes im Moselland, kein Jahrmarkt moselauf, moselab, ob auf dem rechten Ufer, ob auf dem linken, kein Städtchen, kein Flecken, kein Dorf, wo Willi nicht das begehrteste Reittier gewesen wäre, trotz der Braunen und Rotfüchse, ja selbst trotz des Löwen und des Krokodils. Das Karussell klirrte und blitzte im Sonnenschein, seine Glasbehänge glitzerten, in seinem Bau versteckt, dudelte, unermüdlich leiernd, der Orgelkasten – immer herum und wieder herum, zweimal für fünf Pfennig, wer zehn Pfennig zahlte, durfte ganze sechsmal –, man schwebte so hoch auf dem Apfelschimmel, es war, als flöge er mit allem davon, alles drehte sich mit, die Berge, die Häuser, die Straßen, die Bäume, die Menschen, das Ufer, der Fluß, der Himmel, die Erde – die ganze Welt.

Von all den Jungen, die dem Schimmel stolz auf den Rücken kletterten, war Heinrich Hammes eigentlich der am meisten berechtigte dazu, denn er war geboren worden, als der Willi seinen ersten Galoppsprung in dieser Welt machte, und zwar gerade unterm Fenster der Wochenstube. Die Hebamme hatte rasch das Fenster zumachen wollen, vielleicht, daß das Karussellgejubel die schwerkämpfende Frau belästigte. Aber die hatte geächzt: »Laßt auf, laßt nur auf, es zerstreut mich e bißche!« Des kleinen Heinrichs Stimme war zum Schimmel hinuntergedrungen und war verklungen im Jahrmarktslärm.

Vater Hammes hatte einen kleinen Laden am Markt im Städtchen, hatte allerlei, eigentlich alles darin zu verkaufen, aber er verdiente trotzdem nicht viel; nur gerade soviel, daß er sich hielt. Er arbeitete, sparte und gönnte sich nichts und Frau Hammes arbeitete und sparte und gönnte sich auch nichts, sie hatte den Ehrgeiz: der Junge sollte es weiterbringen, als sie es gebracht hatten. Der Junge, der Junge, der war die Hoffnung.

Wenn Heinrich Hammes jetzt an seine Jugend zurückdachte, huschte ein seltsames Lächeln über sein Gesicht, halb ironisch, halb mitleidig-wehmütig: daß seine guten Alten immer gedacht hatten, er säße brav bei den Büchern! Gar nicht eingefallen war ihm das. Herumgestrolcht war er, hatte es genau so gemacht, wie alle Jungen es machen, die nicht besondere Lust am Lernen haben und nicht besonderen Fleiß. Ah, was waren das für köstliche, verfaulenzte Stunden gewesen im Sonnenschein am Moselstrand! Zwanzigmal war man ins Wasser gesprungen und zwanzigmal wieder herausgesprungen, hatte verschlafen blinzelnd halbe Tage fast auf der Uferwiese gelegen, sich den nackten Körper braunrösten lassen. Es war zu verwundern, daß ihn das nicht mehr gestählt hatte, eigentlich müßte man widerstandsfähiger sein. Aber freilich die Großstadt, die verzehrt Kräfte; das ganze Leben überhaupt, das zur Jetztzeit mehr beansprucht vom Menschen, als es vordem von ihm beansprucht hat, das verbraucht. Ach ja, das gute alte Heimatstädtchen, ein liebes Nest war's gewesen, obgleich es an sich langweilig war und man sich oft fortgesehnt hatte. Man mußte doch sehen, daß man bald einmal hinkam. Lotte würde es ja auch interessieren, die Vaterstadt ihres Mannes kennenzulernen. Die Kinder sollten dann auch einmal hin. Jetzt waren die noch zu jung – abgesehen davon, daß die Reisen zu teuer waren –, in der Jugend hat man ja noch keine Pietät, die kommt erst später. Und da befiel es ihn plötzlich drückend: wie die Gräber der Eltern wohl aussehen mochten? Sicherlich gar nicht gepflegt.

Herr Hammes sparte. Er arbeitete und sparte.

»Du gönnst dir auch gar nichts«, klagte seine Frau. »Gönnst du dir denn was?« fragte er und strich ihr mit dem Zeigefinger behutsam über die Wange, die schon ein wenig schmal zu werden anfing und ein wenig welk, obgleich Lotte kaum über die Mitte der Dreißig war. Drei Kinder, die wollen geboren, erzogen, benäht, beflickt und bestrickt werden. Lotte Hammes hatte immer viel Arbeit, seit ihr Jüngster fünf Jahre war, hielt sie sich kein Dienstmädchen mehr. Sie hätten es eigentlich gekonnt, so klein war sein Gehalt, den Heinrich Hammes als Bureauvorsteher bei einem Notar bezog, nicht, aber sie sagten sich: wir müssen doch sparen. Was wir erübrigen können, aufsparen für die Kinder, wenn die erst in die Jahre kommen. Drei Jungen, daß die tüchtig was lernen können, der eine oder andre wird vielleicht sogar studieren. Sie sollten es weiterbringen als bis zum Bureauvorsteher beim Rechtsanwalt.

Bis dahin hatte es freilich noch gute Wege. Der älteste sollte jetzt erst nach Quarta kommen, der zweite ging in die Vorschulklassen und der dritte besuchte noch gar nicht die Schule. Noch junge Kinder und doch kam Heinrich Hammes sich schon recht alt vor. Vierzig Jahre, vierzig Jahre! Herrgott, wie waren die nur so dahingegangen? Vierzig Jahre in einem Umdrehen, in einem Kreislauf. Noch war man auf der Sommerseite des Jahres, da war man auch schon auf der Winterseite, eben noch lachte der Frühling, da weinte auch schon der Herbst. Und man machte immer mit, immer mit: man sah es an sich vorübergleiten, Trübes und Erfreuliches, gute Zeit, böse Zeit, schöne Stunden konnte man nicht halten, traurige Stunden nicht rascher abtun, wie es kam, mußte man es mitmachen – ein Bocken gab es nicht und nützte ja auch nicht –, man wurde durch alles mit hindurchgedreht, es war das klügste, man tat geduldig mit.

Herr Hammes war lang und dünn, früher war er ein sehr gut aussehender Mensch gewesen, jetzt war er zu mager und einen scharfen Klemmer mußte er auch schon immer auf der Nase haben.

»Du siehst so blaß aus, richtig stubenfarben«, sagte Lotte. »Wenn wir schon nicht verreisen können, sollten wir wenigstens ein Stückchen Land pachten, wo du Blumen ziehen kannst und ich Gemüse. Das würde so gesund für dich sein.«

»Wie du meinst«, sagte der Mann. Er wußte, wenn seine Frau etwas sagte, war das gut und praktisch und seine Frau sagte öfter mal etwas. So hatten sie denn bald ein Schrebergärtchen, wie es so viele haben, und an warmen Abenden saß Hammes darin und ließ sich geduldig in der Laube unter dem Holunderbusch von den Mücken stechen oder er war auch schon in aller Frühe bereit, vor Tau und Tag fast, da umzugraben. Die Kinder waren selig über den Garten; fast tat es Lotte nun schon leid, daß sie das Land gepachtet hatten, denn nun mußte sie immer Angst haben, die beiden Großen vernachlässigten ihre Schularbeiten. Sie hatten merkwürdigerweise jetzt nie etwas auf. »Die Zensur wird es ja ausweisen – aber denn wartet man!« sagte sie energisch drohend und ihre Augen blitzten.

»Laß sie doch heut' noch! Es ist so schönes warmes Wetter.« Der Vater war merkwürdig nachsichtig. Er strich seinem Zweiten über den glatten Bubenkopf und seinen Großen schob er bei den Schultern vor sich aus der Stube: »Lauft, lauft, macht, daß ihr 'rauskommt!« Er hätte es nicht über sich gebracht, ihnen heute die Freiheit zu verwehren. Von einem warmen, fast drückenden Frühsommerwetter merkwürdig müde gemacht und wie noch beschwert von Träumen, gedachte er der eigenen Jugend. Und sie hatten es ihm ja auch versprochen, morgen fleißig nachzuholen, womöglich vorzuarbeiten – vielleicht regnete es morgen! Er seufzte leicht. An solchen Tagen war es köstlich gewesen, auf der Uferwiese zu liegen, den kühlenden Wasserhauch zu verspüren und dabei doch bis ins Innerste getränkt zu werden von Sonne und Jugend. Konnte, sollte, durfte man den Großstadtkindern das armselige Schrebergärtchen verbieten? Es war zudem Wochenende.

Der Mann, der heute von zwei Uhr an auch frei war, gedachte, ehe er in sein Gärtchen ging, noch einen Spaziergang zu machen. Er fühlte Unruhe im Blut. Eine seltsame Sehnsucht war in ihm – wonach? – das konnte er sich nicht sagen. Und so ging er erst rasch und dann immer rascher durch die Straßen. Sie wohnten im Vorort, aber auch der war sehr belebt, so belebt fast wie das Innere von Berlin. Nur wenige noch unbebaute Plätze waren vorhanden und sie verschönten nicht gerade das Vorortbild. Auf einem derselben wurde jetzt Markt abgehalten, auf einem andern standen allerlei Wagen herum, dort wurde für Tennis hergerichtet und da – ach, du lieber Gott –, da hatte ja wohl ein Karussell gestanden. Ein Karussell hier wie auf dem Dorf.

Ein Plankenzaun schloß den Rummelplatz ab. Hammes war näher herangetreten und hatte sein Auge an einen Spalt zwischen den Brettern gelegt. Jetzt reckte er sich und schaute hinüber: richtig, ein Karussell! Sie bauten es gerade ab. Noch standen ein paar Holzpferde und ein paar Kütschchen auf dem fahlen Drehbrett, das schon keine Überdachung mehr hatte – fort schon das Rot des Seidenbehangs, der glitzernden Fransen, keine Glühbirnen mehr und bunte Lampions, die alles verklären.

Nackt, verschabt, armselig und abgenutzt standen die Überbleibsel da und schienen in der eigenen Elendigkeit zu frieren trotz der warmen Sonne. Der Karussellbesitzer, ein dicker Mann, schnob umher und wetterte mit zwei jungen Burschen, die doch geschwind genug alles herunterrissen, wie es Hammes schien. Er hätte gern noch länger zugesehen. Dies hier erinnerte an zu Hause.

»Na, was is denn hier zu sehen?« sagte grob der Mann und dann, als der Blick des Herrn ihn traf, etwas höflicher: »Wünschen Sie was?«

»N–ein.« Hammes faßte an den Hut: »Entschuldigen Sie – nein. Ich wollte nur mal sehen.«

»Da seh'n Se och wat rechts.« Der schlechtgelaunte Karussellbesitzer lachte kurz auf. »Keen Geschäft heutzutage. Gar keen Geschäft mehr mit'n Karussell. Heut' woll'n se alle fliegen.« Die Wut über leere Kasse schien ihn zu packen, er hob den Fuß und gab einem der Pferde, das ihm zunächst war, einen zornigen Tritt: »Verfluchte Schindmähre!« Der Gaul schien nicht mehr recht fest zu stehen, er kam ins Wackeln, krach, herabgestürzt war er vom Trittbrett.

»Nanu?!« Ein Bein ab? Das rechte Vorderbein, das so kühn gehoben war wie zum Galoppansprung. Den Karussellbesitzer schien das nicht weiter zu grämen, er sagte nur: »Doch zum Teufel!« Was kümmerte es ihn, er baute ja sowieso ab und fing ein andres Geschäft an, vielleicht mit einer Luftschaukel oder einer Würfelbude; vielleicht auch mit gar nichts.

»Oh,« machte bedauernd Herr Hammes. Da lag das arme Pferd auf der Seite. Es war kein Apfelschimmel, nur ein ganz gewöhnlicher Brauner, und doch schien es das Pferd seiner Jugend. – – – –

In den benachbarten Schrebergärten machten die Kinder lange Hälse und auch die Erwachsenen guckten hinüber: das war ja fein, was Herr Hammes da seinen Jungen aufgebaut hatte.

»Um Gottes willen, was sollen wir damit?« hatte die Frau entsetzt ausgerufen, als ihr Mann erschienen war, einen Dienstmann hinter sich, der einen großen Holzgaul schleppte. Einen Holzgaul, größer als ein gewöhnliches Schaukelpferd. »Wo hast du das her?«

»Vom Rummelplatz – für ein paar Mark.«

»So'n altes Karussellpferd – ach, du bist ja verrückt!« Lotte war ordentlich böse.

»Der kommt vor die Laube,« sagte der Mann bestimmt. Bestimmter, als er sonst zu sprechen pflegte. Und er ließ von einem Tischler das abgebrochene Bein durch einen Holzstempel ersetzen und so stand denn nun das Pferd vor der Laube und die Hammesjungen, beneidet von allen Kindern der Nachbarschaft, kletterten darauf herum und machten glückselige Ritte in unbekannte weite Länder.

Der Anstrich des Braunen war schon etwas defekt, seine Flanken waren wie genarbt und zerstoßen von den schabenden Hakken und den Rippenstößen ungeschickter Reiter, angeschmutzt hatten ihn Staub und Rauch, aber doch glänzte noch sein Rücken, besonders wenn die Sonne lachte zwischen den grünen Stachelbeerbüschen und geschoßten Salatstauden, und der etwas zu lang geratene Kopf mit der steifen Holzmähne reckte sich zwischen den hohen Sonnenblumenstengeln neugierig in die Welt. Aus dem Vorortzug, der an der Laubenkolonie vorbeifuhr, schauten die Leute nach ihm und lächelten belustigt; ein Karussellpferd, ein altes, abgedanktes Karussellpferd!

Die Knaben liebten ihr Pferd, sie hielten ihm ausgerauftes Unkraut vor und ließen es fressen, sie striegelten es und klopften es lobend. Selbst Frau Lotte hatte sich mit ihm ausgesöhnt: es war in der Tat ein nettes Spielzeug für die Kinder. Der Mann aber betrat nie sein Pachtland oder verließ es, ohne dem Holzpferd einen Blick zu schenken – was lag doch alles in diesem Blick? Heinrich Hammes konnte sich selber nicht sehen, sonst hätte er sich vielleicht gewundert, was alles in diesem Blick seiner Augen lag. Und er nickte manches Mal, kaum merklich und nur wie so nebenbei, aber doch vertraulich dem Holzpferd zu, wie man einen alten sehr nahestehenden Bekannten grüßt.

Heute saßen die Spatzen frech schirpend dem Gaul auf dem vorgereckten Kopf. Sie hatten den Sonnenblumen bereits die süßen Samenkerne weggestohlen, und was es noch an grünen

Salatblättern und schwarzen Holunderbeeren im Garten gab, hatten sie abgepickt; was gab es nun noch zu fressen?

Schon wieder Herbst? Heinrich Hammes stand vor seiner Laube und sah sich um mit weitgeöffneten, fast wie erstaunten Augen. Abermals Herbst. Und dann kam der Winter. Und dann der Frühling und dann der Sommer und dann abermals Herbst. Es ging in der Runde herum, immer in der Runde. Und da fuhr der Vorortzug über den Eisenbahndamm an den Schrebergärten vorbei, dem Kern der Stadt zu, rasselnd und ratternd, zischend und brausend wie alle Tage, und führte mit sich, wie alle Tage, alle die Menschen, zu denen auch er gehörte. Immer das gleiche, sich stets wiederholend, immer dasselbe, Tag für Tag, Jahr für Jahr. Man stand auf und arbeitete sein Pensum ab und aß und trank und küßte die Frau und schalt mit den Kindern oder lobte sie und kriegte vielleicht auch nochmal wieder ein Kind und hatte seine Sorgen und hatte seine Freuden – ach, es war immer dasselbe, immer herum und nochmal herum und nochmal in der Spanne der Zeit, die einem zugemessen war zur Fahrt. Wie schwindlig werdend, schloß der Mann für einen Augenblick seine Lider; ja so, so ging es in der Runde herum, man wurde mitgedreht, man mochte wollen oder nicht wollen.

Mit einem Seufzer trat Heinrich Hammes dem Holzgaul näher, der mit vorgerecktem Kopf groß und stumm in die Welt hineinstarrte, er schlang ihm den Arm um den Nacken und lehnte sich an. Ein Gefühl der Zusammengehörigkeit überquoll ihn plötzlich: ach, das war nicht mehr allein das Pferd seiner Jugend – nur seiner Jugend –, eine Zusammengehörigkeit war in ihm erweckt, viel tiefer, viel ernster: ein Karussellpferd, bloß ein Karussellpferd, und doch wie ein Bruder ihm selber verwandt.

Josepha Seweneich

erschienen in »Heimat«, 1914

Seit zwei Jahren wohnte sie schon unten zu Moselkern. Aus Münstermaifeld war sie gebürtig; aber sie hatte kein Zuhause mehr da, die Eltern, die sie dem Seweneich verheiratet hatten, waren gestorben. Sie hatte ihnen keine Träne nachgeweint, und doch lief sie hinauf, so oft sie nur irgend konnte.

Das machte, sie hing noch immer an dem da oben, an dem Scheinheiligen, an dem Schwarzrock! Der Seweneich, ein strammer schwerer Mann mit dem Tiefbraun des Weinbauern, blickte finster hinter dem Weibe drein. Er schimpfte immer, wenn sie einen Krankenbesuch bei der alten Tant' vorschützte, um hinaufzukommen. »Die stirbt auch allein – wat schert dich die! Hei bleiwste!« Aber sie setzte die Zähne aufeinander. Und sie ging.

Wie sollte er's hindern, er konnte sie nicht festbinden. Schlagen half bei ihr nichts. In ihr einstmals so weiches Gesicht war ein harter, entschlossener Zug gekommen. Wenn er drohend die Hand hob, sah sie ihn an, ohne mit den Augen zu zwinkern. Das erste Mal hatte sie wohl geweint, als er sich an ihr vergriffen hatte in seiner Wut. Sie hatte heftig geschluchzt: was wollte er denn? Der Petrus vom Seminar war ja nicht mehr da, der war jetzt längst ein geistlicher Herr und irgend wohin versetzt, auf den brauchte er kein Gift mehr zu haben! Sie sagte das mit einem Lächeln; mit einem Lächeln, das ihn stutzig machte: es war so weh. Aber war es nicht auch höhnisch? Er wußte nicht, was er davon denken sollte.

Ob sie den Schwarzrock vielleicht doch noch irgendwo traf? Aber das konnte ja nicht sein. Der hatte nun die Weihen empfangen, war weit weg. Und die Leute hätten es ihm auch zugetragen. Er hatte welche droben, die aufpaßten: seine Schwester vor allem, die war zu Münstermaifeld verheiratet. Die hatte ihm genug von der Josepha abgeredet damals: was wollte er mit so einer? Aber er war ja verrückt gewesen, verrückt, verrückt, ganz toll!

Seweneich ballte die schwieligen Fäuste. Er hätte das Weibsbild, das da hinaufrannte, niederschlagen mögen vor Zorn, und doch fühlte er einen bitteren Schmerz. Sie war doch eine Fleißige, eine Saubere, und so eine Hübsche! Man könnte glücklich mit ihr sein, wenn sie nur wollte!

Mit einem Brummen, das wie das Grunzen eines verwundeten Ebers klang, stierte der Mann dem Wege nach, der sich, mit verstreutem Schotter bedeckt, in holprigen, steinigen Rinnen durch die Weinberge hinaufzieht bis zum Plateau. Da oben, beim Schutzhaus mit dem Heiligenbild, wo die Apfelbäume anfangen, da hatte eben noch ihr Kleid geweht. Aber rasch war es verschwunden gewesen, sie hatte sich nicht einmal die Zeit genommen, einen Moment zu verschnaufen, sich umzudrehen und zurückzuschauen.

Und es war doch eine schöne Aussicht von da oben; darum hatten sie auch das Schutzhäuschen hingebaut. Moselkern lag unten am Fluß, seine Häuserchen klein aufeinandergetürmt, am Fuß der Weinberge; jenseits der Zuckerhutfelsen, grau und schroff, mit dem ragenden Kreuz. Und die Mosel hinauf und hinab ein Blick, der sich verlohnte: steile Rebenhänge hüben und drüben, nicht viel Platz mehr am Fluß, wie ein schmales Band nur die Uferstraße, die sich schlängelt und windet. Aber die Josepha hatte keine Augen dafür. Sie hatte auch keine Augen für ihn – und war er denn nicht ihr Mann?! Auffahrend stieß Seweneich einen schweren Fluch aus.

Er stand auf seinem Rebstück, das steil am Berge hing; er mußte den Hals recken, um das Schutzhäuschen mit dem Heiligenbild zu sehen, es war schier senkrecht über ihm. Er würde es nicht den Heiligen klagen, er würde es auch sonst keinem Menschen sagen – er müßte sich ja schämen, was war er für ein Schlappjeh! – aber erzwingen würde er's. Was sie nicht gutwillig gab, das sich erzwingen. Zwei Jahre hatte er sich närren lassen, immer hinhalten! Er stöhnte.

Erschreckt über den eigenen Laut sah er sich scheu um: hatte das auch niemand gehört? Nein, kein Mensch war ringsum. Die

Rebstöcke standen stumm, ein Stock beim andern, kein Blatt hob sich, es ging kein Wind. Sie waren alle gespritzt, blauweißliche Tropfen wie Regen über ihr Grün versprengt. Seweneich wollte auch spritzen, er trug die Pumpe auf dem Rücken, das schwere Gewicht drückte ihn krumm. Seine Augen waren blutunterlaufen und die Lider entzündet vom beißenden Dunst der Kupferbrühe.

War er ihr nicht schön genug, zu ältlich schon? In finsterem Grübeln starrte er zu Boden. Der Conzen, der hier nebenan das Rebstück hatte, war älter als er und hatte auch eine junge Frau, und die hing doch an ihm wie eine Klette, und alle Jahr kriegte der ein Kind – – – warum hatte die Josepha ihn denn genommen? Freilich, erst hatte sie ›nein‹ gesagt und abermals ›nein‹. Ob sie ihre Eltern gefürchtet hatte? Die hatten für ihn gesprochen, die wollten es gern. Warum, warum nur hatte sie sich ihm antrauen lassen vorm Altar, wenn sie doch nicht –! Sein Denken stockte. Das war ihm alles so verworren, so unklar. Nein, er verstand sie nicht! Sie war doch ein Weib, und er war ein Mann, und wenn er auch nicht so jung mehr war wie sie, er war doch noch ein Kerl in aller Kraft – nein, die Jahre, die ihn von der Josepha trennten, die konnten nicht schuld daran sein. Aber was denn? Was denn?!

Eine Angst fiel plötzlich über den Seweneich her, eine jähe Befürchtung, ein Mißtrauen und ein Argwohn; immer derselbe quälende Argwohn. Heiß schoß es ihm zu Kopf: wo ging sie jetzt? Was trieb sie jetzt?!

Oben stand das Korn schon in Ähren. Bald war das ganz hoch. Dann konnte man sich darein verstecken. Wenn sie nun einen Liebsten da oben hatte – wenn sie nun –?! Es packte den Mann etwas an, es griff ihn an der Kehle, es würgte ihn, daß er nicht mehr frei atmen konnte; er schnaufte hart. Es konnte ja gar nicht anders sein! Warum sollte es sie denn sonst so hinauf verlangen. Und wenn es denn der Petrus nicht mehr war, ihr ehemaliger Liebster, dann war es eben ein anderer. Leicht fand sich einer an. Verflucht, es hatte sich vielleicht schon einer angefunden! Mit einem heiseren Wutschrei hob Seweneich die tiefgesenkte Stirn.

Da schien ihm die Sonne voll ins Gesicht, wie klares Gold; er konnte das Licht nicht ertragen, seine geröteten Augen blinzelten, er schlug sie wieder zu Boden. Er sah der Josepha Gesicht plötzlich nahe vor sich. Das war sehr rein. Immer ernsthaft, schier streng. Nein, das tat sie doch nicht – nein, nein! Es war nicht ihre Art. Er hätte doch sonst auch schon etwas merken müssen. Er war doch nicht dumm.

Ein Lächeln hob die verzogenen Mundwinkel des Mannes und erweichte das harte Gesicht; die Wut verrauchte schon. Es drang ihm etwas zu Herzen, er konnte ihr so böse nicht mehr sein.

Wenn sie heute abend heim kam, ja, dann wollte er ihr entgegengehen; bis zum Schutzhaus hinauf, da würde er sie erwarten. Nein, heut einmal kein Streit – nein, er schimpfte heut nicht! Ruhig würden sie mitsammen heimgehen. Und nachher auch nicht mit der Gewalt. Mit der Geduld mußte er's versuchen; abwarten. Sie nur merken lassen, so gut das anging: ›ich gäb meine Hand drum, mein Aug', meiner Seelen Seligkeit, wenn du nur wolltest!‹

– –

Josepha Seweneich wanderte durchs Korn. Das Maifeld ist fruchtbar. Durch weite Weiten sah sie lauter Ähren; und mitten darin Apfelbäume, die hingen ihre Äste ins Korn. Noch waren die Äpfelchen ganz klein daran, aber man sah es schon, es gab eine Last. Hier gefiel es ihr. Mit einem Aufatmen sah sie sich um: da war ein Kleestück, wie eine rotblühende Welle hob es sich ein wenig im Blaugrün des jungen Roggen. Und hinter der rötlichen Welle blaute der Himmel, unabsehbar licht, fast blendend hell. Hier war es viel freundlicher als unten, wo die Weinberge mit ihren nackten Felsenrippen sich dicht an die Mosel drängen.

Zur Höhe des Plateaus hinauf war das junge Weib gerannt, so eilig, daß ihr Atem keuchte; am Schutzhäuschen hatte sie rasch nur ein Kreuz geschlagen: »Bitt für uns.« Jetzt ging sie langsamer. Sie wandelte lässig, mit den Armen sacht schlenkernd; im Vorüberstreifen kitzelten die Ähren ihre Hände wie liebkosende Finger. Sie lächelte, ihr herbes Gesicht mit den dunklen Augen unter den nahe zusammengewachsenen Brauen erheiterte sich.

Jetzt sah man es erst, daß sie schön war, groß und kräftig. Aber noch waren ihre Hüften nicht breit; schlank wie ein Mädchen ging des Seweneich Frau. Noch war das Korn nicht so hoch, daß es dazwischen Wandernde ganz deckte, noch konnte man jeden sehen von weit her auf dem Maifeld. Ragend ging die einsame Frauengestalt durch die Weite; um sie floß helle Luft, wie verklärend.

Es war sehr still diesen Vormittag; die Ähren harrten noch nicht des Schnitters, noch saß die Wachtel ungestört im Korn und die junge Brut des Rebhuhns trippelte ungescheucht hinter der Mutter drein. Es war kaum jemand im Feld; ganz ferne nur sah Josepha eine alte Frau, die im Acker gebückt stand, und eine weite Strecke vor ihr her marschierte ein Handwerksbursche. Sie hörte sein leises Pfeifen.

Sie fühlte sich allem entrückt, enthoben dem, was sie plagte. Ihr war es Feiertag. Schier andächtig wollte es sie überkommen, mit leidvoller Freude. Und wenn der Petrus nun auch nicht mehr da war, wenn er auch weit fort war – sie wußte nicht einmal wohin, denn daß er in einem Demeristen-Kloster sein sollte, weg über die holländische Grenze, wie die Tant' sagte, das glaubte sie nicht – hier war er ihr doch wieder nah. Hier ging er neben ihr her; und sie fühlte den Blick seiner Augen, so daß sie tat, was er wollte, tun mußte, was er sagte.

In Demut senkte Josepha den Kopf. Er war ja so gut, so klug, so viel mehr als sie! Auf der Präparanden-Anstalt lernen sie viel, er war der Gescheiteste von allen, wenn er auch noch sehr jung war. Ach, daß er hatte geistlich werden müssen! Wenn er das nicht gebraucht hätte! Dann hätten sie nicht heimlich zu schleichen brauchen, um sich an verborgenem Platz zu treffen. Die Mutter sagte: es wäre Sünde und hatte sie geschimpft und an den Haaren gerissen. Aber es war keine Sünde. Er hatte es gesagt.

›Kann ich denn dafür,‹ hatte er zu ihr gesprochen, ›daß ich geistlich werd?! Ich bin auch ein Mensch. Und ich bin jung, und ich hab dich lieber wie meine Seligkeit. Abbüßen kann man's nachher noch genug!‹

Sie hatten sich getroffen weit draußen im Korn, wenn das so hoch war, daß nur des Präparanden schwarzer Hut und seine Schultern, die schmal waren in dem schwarzen Kleid, über die Kornmauern auftauchten.

Josepha Seweneich duckte nieder, sie setzte sich auf einen Stein, der am Rande des schmalen Fußpfädchens lag; sie lächelte: so deckte das Korn auch jetzt schon zu. Aber sie hatte jetzt nichts mehr zu verbergen. Sie stützte den Kopf. Niemand nahte sich ihr. Und nichts war zu hören, nicht einmal das Summen einer Biene. Eine große Einsamkeit gähnte um das junge Weib.

Josepha Seweneich hörte sie nicht; schlief sie? Sie schlief nicht, sie dachte auch nichts. Kein Gedanke flog hinunter zu dem Mann, der nun müde von seiner schweren Weinbergsarbeit heimkam in ein leeres Haus. Er kramte sich etwas aus dem Schrank zusammen, was die Frau da hingestellt hatte, er blies sich mühsam in der erkalteten Herdasche ein Feuerchen an, um den Kaffee zu wärmen, hustete und zwinkerte mit den entzündeten Augen in den beißenden Rauch. An ihn dachte Josepha nicht; aber jetzt auch nicht an jenen andern. Es war nur ein unklares Gefühl in ihr, von einer ihr auferlegten großen Einsamkeit. Die empfand sie doch zuweilen wie eine Bedrückung.

Das Mittagläuten vom Dorf Lasserg wehte in dünnem Bimmeln zu ihr hin. Sie sprang auf. Sie dachte plötzlich an den Seweneich. Scheu sah sie sich um. Fürchtete sie sich vor ihm? Oh nein! Wenn er auch tobte, und sich gebärdete; wenn die Wut über ihn kam, wie ein wilder Stier, schlimm war der nicht!

Der nicht!

Mit einer heftigen Bewegung streckte Josepha Seweneich plötzlich beide Arme aus; ihre Augen starrten in die Ferne. Und dann fing sie an zu beten. Betend wanderte sie weiter.

Der Turm der Kirche von Münstermaifeld streckte sich empor, weithin sichtbar lag hoch das Städtchen auf fruchtbarer Ebene, und dahinter, von blauem Duft umhaucht, hoben sich die runden Kuppen der Eifelberge, die fernen Vulkane des Laacher Sees. Das war schön zu sehen, aber der Betenden Auge war nach innen gerichtet. Sie ging wie eine ganz frommem Gelübde Hingegebene, wie eine Wallerin zum heiligen Gnadenort. –

Die alte Tant' zu Münstermaifeld freute sich arg, daß die Nichte sie besuchte. Sie war die Letzte von der Familie, saß einsam in einem armseligen Stübchen, hatte nichts zu leben und konnte doch auch nicht sterben.

Als die Nichte ihr ein Tütchen Kaffee und ein paar Wecken mitbrachte, pries sie den Seweneich: das war ein guter Mann, ein Glück, daß die Josepha den genommen hatte! Man kann nicht immer einen kriegen, in den man verliebt ist bis über die Ohren; zumal wenn man arm ist. Wenn der Mann nur brav ist und sein Auskommen hat. Und der Seweneich hatte sein Auskommen. »Gel, esu brav?!«

Die Josepha sagte nicht ja und nicht nein, aber man sah es ihr an, sie konnte nicht widersprechen.

Aber als die Alte weiter mummelte: »No, wie es't dann eweil? Kritt'r dann baal e Könd?« sagte sie barsch, und in ihrem bräunlich-blassen Gesicht fing es an rot aufzuflammen: »Ä wat, dumm Zeug!«

Sie saß dann noch einsilbig bei der Tante, ihr Auge irrte durchs Fensterchen. – – –

Da, die Gasse herunter vom Seminar war er oft gekommen, sie hatte ihn immer gleich herausgekannt aus der Schar der schwarzen Gestalten, die zum gemeinsamen Gange auszogen. Und als ob er's ahnte, daß das Mädchen von hier nach ihm ausschaute, hatte er den Kopf gerichtet nach dem Fensterchen. Sie hatten einen Blick tauschen können. Oh, wie war sein Gesicht blaß! Sein Mund fest zusammengepreßt, und konnte doch so küssen! Es überlief sie allemal, wenn sie an diese Küsse gedachte – sie taten wohl und taten doch weh, denn es war etwas in ihnen, das ihr die Seele aus dem Leibe sog; einer, der verdurstete, trank sich satt an ihrem Munde. Und wie schlug er die Augen zu Boden, wenn er unter der Schar der anderen ging! Da schien er ein Diener, und er war doch ein Herr. Ihr Herr! Sie hätte ihm niemals widersprechen können. Er war noch so jung, um weniges älter als sie, aber er hatte es schon an sich, daß man sich beugen mußte vor ihm.

Oh, wenn sie gedachte an jenen Tag, an dem ihr die Mutter so zugesetzt hatte, den Seweneich zu nehmen, damit sie aus den

Mäulern der Leute kam – an jenen letzten furchtbaren Tag, an dem sie sich mit dem Petrus zum allerletzten Mal traf, weil er fort mußte am Morgen darauf! Er hatte denen im Seminar vorgetäuscht, einsam beten zu gehen, zum Kreuz am Wege von Wierschem; es wäre ihm sonst nicht gelungen fortzukommen, denn sie paßten ihm auf. Lange hatte sie auf ihn warten müssen. Das Korn war gemäht, es gab kein Versteck im Felde mehr, sie suchten den Wald. Und dort, wo man bei einer Biegung des Wierschemer Weges plötzlich hinunterblickt auf die Burg, so jach niederschaut auf den steilen Felskegel, der die Eltz trägt, daß man schier erschrickt ob der Überraschung, da hatte er ihre Hand genommen, sie hart gepreßt in seinem Schmerz, hatte ihre Rechte dann hoch erhoben, und sie hatte ihm schwören müssen beim Kreuz, schwören daß – – –

Josepha Seweneich erschauerte.

»Wat haste?« fragte die Tant'. »Biste kalt?« Ja, es war ihr kalt mitten im Sommer. Das junge Weib sprang hastig auf: »Ech muß eweil giehn. Ech muß eweil widder runner nao Moselkern.« Sie sagte nicht: ›ich muß nach Haus.‹ Sie hätte das nicht über die Lippen gebracht, des Seweneich Haus war ja nicht ihr Zuhaus. Da war sie immer noch fremd, und wollte es ewig bleiben. –

Langsam wanderte sie ihren Weg zurück, viel langsamer als sie ihn gekommen war. Es ging gegen den Abend, aber sie eilte nicht. Oft stand sie still und schaute zurück; ihr Gesicht war nicht traurig, es war auch nicht froh, es war auch nicht herb wie sonst wohl, es war ganz ergeben. Es hielt sie einer an einem Band, der leitete sie. Und der ließ sie nicht los.

»In Ewigkeit nicht,« murmelte sie, als sie am Schutzhäuschen vorüberschritt und schlug ein Kreuz. »Amen!«

Da kam der Seweneich hinterm Fußfällchen vor.

Unten am Fluß dämmerte es schon. Im abendlichen Nebelduft lag Moselkern, hier oben war es noch hell. Goldene Abschiedsstrahlen küßten das Heiligenbild. Und ein Glanz lag auch auf des Weibes Stirn.

Der Seweneich schaute seine Frau verwundert an: hatte sie ihn denn gar nicht bemerkt? Er sagte: »'n Aowend.«

Und wie er sich's vorgenommen hatte, so tat er nun auch. Er war nicht unwirsch und grob. Sie war ja noch jung, sie würde sich schon geben mit der Zeit, er durfte sie nur nicht so grob anfassen; nur damit hatte er's ganz versehen.

Der einsam zurückgebliebene Mann hatte sich manches bedacht; das Denken war sonst seine Sache nicht, aber heute hatte er gedacht. Und er nahm sich zusammen, schimpfte nicht über ihr Weglaufen, fragte ganz freundlich nach der alten Tant', machte keine einzige anzügliche Redensart, so daß sie hätte merken können, wie trotz allem leis der geheime Argwohn an ihm fraß.

Sie war ganz erstaunt, wie friedlich er war. Er ließ sie neben sich hergehen, ganz in Ruh. Recht wie ein einiges Paar, Seite an Seite, stiegen sie von der Höhe herunter zu Tal.

Die Leute, die noch auf ihren Rebstücken schafften, sahen sie. Da ging ja der Seweneich mit seiner jungen Frau! Ganz gut paßten die, er war groß, sie war groß, und ordentlich waren sie beide. Daß einer gesagt hatte, es gehe zuweilen bös her bei den Seweneichs, das war üble Nachrede; man sah es ja, die waren zufrieden. – – –

Der Josepha fielen die Augen heut nicht so rasch zu wie sonst; obgleich sie so müde war, als wenn sie den ganzen Tag Dünger geschleppt hätte in ihrer Hotte den Weinberg hinan. Sie mußte sich zu sehr verwundern über den Seweneich. Er hatte sich freilich auch sonst kaum je betrunken, und wenn es ihn packte wie ein Rausch, so war es nicht vom Wein; aber diesen Abend war er so still, so gut, daß sie zutunlicher neben ihm ward, als es sonst ihre Art war. Sie saßen zusammen am Tisch in der kleinen Küche, das Lämpchen gab einen ganz traulichen Schein. Draußen ging die Frühsommernacht auf weichen Sohlen, wie im Traum zog leise der Fluß vorüber an dunklen Ufern, und hinter dem Kreuz auf dem höchsten Felsen zeigte sich ein verschleierter Mond.

In der kleinen Küche, deren rußige Wände kaum erhellt waren von dem bißchen Licht, roch es nach Kaffee und gequellten Kartoffeln. Seweneich hatte sie schon in den Topf gewaschen gehabt; auch ein Feuerchen brannte im Herd. Josepha hatte den Topf bloß aufzuschieben gebraucht und hernach die Kartoffeln auf den Tisch zu schütten. Mit flinken Fingern zog sie ihnen die Schale ab. Als der Seweneich mit den seinen nicht so geschickt zu Rande kam, half sie ihm schälen. Je, so würde sie ja immer zu ihm sein, sie hatte ja im Grunde gar nichts gegen ihn; gern wollte sie ihm helfen, wo sie nur konnte, wenn er nur nicht, wenn er nur nicht – –

Freilich, wenn er so war wie heute, konnte sie immerhin freundlich gegen ihn sein! Sie sprach mehr, als sie sonst eine Woche lang mit ihm geredet hatte. Die Arme auf der Brust gekreuzt, lehnte sie hintenüber, die Beine in den blauen Strümpfen weit von sich gestreckt, und kippte leicht mit ihrem Stuhl. Nach und nach wurde sie völlig unbefangen – er streckte ja nicht den Arm nach ihr. Er blieb drüben sitzen auf der andern Seite des Tisches, lehnte wie sie hintenüber, streckte die Beine von sich und paffte dicke Wolken von Tabaksqualm aus seiner Tonpfeife. So war es ganz behaglich. Sie sah es nicht in der halben Dunkelheit, wie seine Blicke an ihr hingen, wie sie, je später der Abend vorrückte, um so begehrender wurden.

Endlich gähnte sie herzhaft, stand auf und sagte: »Gud Naacht.«

Er hielt sie nicht auf, er ließ sie gehen, erwiderte ruhig ihr Gute Nacht. Als sie nach einer Weile vorsichtig den Kopf aus der Stubentür streckte, noch einmal spähte, war auch er gegangen; drüben aus der Kammer, wo das Geräte stand und die Kartoffeln in der Ecke lagen, hörte sie sein Schnarchen.

Und doch konnte Josepha Seweneich noch nicht einschlafen. Es war ihr zu sonderbar. Sollte die Jungfrau ihre vielen Gebete erhört haben? Sie hatte die so oft angerufen in dringender Not.

»Heilige Jungfrau aller Jungfrauen!
Du Krone der Jungfrauen!
Du Allerreinste!
Allerkeuscheste, Unbefleckte!
Selige, immerwährende Jungfrau!«

Damit schlief Josepha Seweneich auch heute endlich ein. Aber in ihren Träumen war sie nicht die gleiche wie am Tag; sie war da ein Weib, das liebte und geliebt wurde. Unruhig warf sie sich, ihr Gesicht glühte, ihre Lippen waren heiß geöffnet, ihr Traum war wie ein Fiebertraum. Am andern Tag war sie matt.

– –

Die Arbeit am Weinberg war immer hart, doppelt hart jetzt, da es begann, sehr heiß zu werden.

Die Sonne schoß Pfeile auf den Schieferschotter, da fing er an zu glühen wie eine Herdplatte. Die Sohlen der Füße spürten das Feuer, sie brannten; und die Stirn und der Nacken, die das weiße kühlende Linnentuch nicht genug schützte, brannten auch. Wenn die Josepha bei dem Seweneich zwischen den Rebstöcken schaffte, dicht neben dem Mann, so eng bei ihm, daß ihre heißen Leiber einander andünsteten, oft ganz allein mit ihm am Berg – tief unten die Häuser von Moselkern, auf Rufweite kein Mensch – dann war es ihr manchmal, als sollte sie schwindlig werden. Eine Angst kam in ihren Blick. Fürchtete sie zu rutschen auf dem glatten Schiefer, hinunterzuschießen in die jähe Tiefe? Verstohlen sah sie von der Seite den Seweneich an. Aber der tat nicht, als sei sie dicht neben ihm. Er arbeitete emsig. Und nur kurz sagte er ihr, was sie zu tun hatte, er machte kein unnützes Wort.

Aber auch am Feierabend war er recht still. Wie ein Stummer saß er oft in der Küche oder auf der schmalen Bank vor der Haustür. Von drüben aus der nachbarlichen Rebenlaube kam leises Gelächter; da saßen der Conzen und seine Frau. Was die immer zu lachen hatten! Josepha runzelte die Stirn; die waren wie dumme Kinder. Seweneich seufzte. Josepha hörte ihn seufzen. Sie beobachtete ihn: sein Gesicht war nicht blaß geworden, dazu war es zu braun, tief eingebrannt wie gebeizte Eiche, aber eingefallene Backen hatte er gekriegt. Jesus, der Mann! Josepha seufzte auch; er tat ihr leid. –

Der Hochsommer war da mit einer Glut, die einen Menschen verrückt machen kann, wenn er sich das Haupt nicht schützt gegen den Sonnenanprall. Die Mosel war eingetrocknet, halb ausgetrunken von der dürstenden Schwüle. An den Felsen flimmerte und glimmerte es. Die Augen schmerzten, die Kehle lechzte, in der Brust war ein unauslöschlicher Brand. Nur den Weinstöcken war es behaglich.

Josepha Seweneich hatte einen zu kalten Trunk getan, oder die Sonne hatte sie gestochen, als sie das Tuch vom Kopfe nahm, um etwas mehr Luft zu spüren, sie wurde krank. So krank, daß der Mann in seiner Angst nach dem Doktor rannte. Nun ging es zwar besser, das Kopfweh, das Fieber hatten nachgelassen, aber sie war noch sehr schwach. Als sie vom Bett aufstehen wollte, konnte sie das nicht allein, er mußte ihr helfen. Die Tränen schossen ihr in die Augen: da hatte er sie nun so gepflegt die ganze Zeit! Wirklich gut. Die Conzen von drüben hatte helfen wollen, aber die hatte er abgewiesen; er tat's allein. Er hatte sie gewendet und gehoben, seine harten Hände waren dabei gewesen, als seien sie weich. Er hatte sie in die nassen Laken eingewickelt, ihr nachts auch die Lippen gekühlt, wenn der Durst sie plagte. Oft wenn sie im Fieberdämmern die Lider halb öffnete, sah sie ihn bei sich stehen: wer war da, wer war das?! Die Gestalt des Seweneich verschwamm vor der Fiebernden Blick, wurde eins mit einer andern Gestalt. Und nach dieser andren Gestalt streckte sie ihre Hände aus. Und der Seweneich nahm ihre Hände und hielt sie in den seinen.

Jetzt hob die Genesende den Blick zu ihm, der sie stützte. Sie lächelte den Seweneich dankbar an. Dann fiel ihr Haupt gegen seine Schulter. Sie konnte es nicht hindern, daß er in plötzlicher Heftigkeit sie an sich riß. Sie mußte es leiden, sie hatte noch nicht ihre alte Kraft.

* * *

»No, wanneh kömmt et dann?« fragte die Conzen neugierig-vertraulich, als die Seweneich blaß bei ihr vorüberschlich. Sie selber stand unter der Tür ihres Häuschens, frisch und rot, einen kleinen Pausback auf dem Arm, und einen zweiten erwartete sie. Das focht sie nicht an, sie konnte es nicht begreifen, wie eine krank werden konnte, die einen guten Mann hatte. »No, wanneh kömmt et, saot doch, wanneh?!«

Da lief die Josepha davon, so rasch sie nur konnte. Sie hatte die Conzen nie leiden können, nun haßte sie die: was die von ihr dachte! Ein hohes Rot färbte ihr bleiches Gesicht, ihr Auge blickte unsicher. Oh, ja, es mußte ganz schön sein, ein Kind zu haben, sehr schön!

Josepha Seweneich betete jetzt sehr viel – der Seweneich war so gut. Er litt nicht, daß sie im Weinberg half; dazu war sie noch viel zu schwach, sie konnte es glauben, er arbeitete gern für zwei. Auch für drei! Er hatte das gesagt, ganz ohne sich etwas dabei zu denken, sie gutmütig-blinzelnd, zärtlich angesehen, aber sie dachte sich etwas dabei und zog die Brauen zusammen. Es schuf ihr fast Schmerz, daß sie ihn so gehen lassen mußte. Was wollte der Seweneich denn anderes als ihm zukam? Aber sie konnte ja nicht, nein, nein, sie durfte nicht!

Mehr als je dachte Josepha jetzt an den Petrus, sie versuchte es, sich an ihn zu klammern mit allen Gedanken. Machte es die Krankheit, die ihren Willen gebrochen hatte? Die schwüle Hitze, die sie so erlahmte? Die lange Zeit, die sie schon von dem Geliebten trennte? Es wurde ihr jetzt schwer, sich ihn ganz so lebendig vorzustellen wie vormals. Seine Gestalt verschwamm, sie wurde ein Schatten, blaß dämmerhaft; in den hellen Tag trat jener, der leibhaftig neben ihr war. Eine Angst kam das junge Weib an, sie wußte selber nicht vor was.

Die Hitze machte es, die ließ sie nachts nicht zu Schlafen kommen. In der Stube, in der das Bett stand, bei den besten Habseligkeiten, bei der Kommode, über der ihr Myrtenkranz unter Glas eingerahmt prangte und daneben der Seweneich in Soldatenmontur, bei dem Schrank, in dem neben ihrem Sonntagsgewand das seine hing, alles so eng beieinander, war es kaum zum Aushalten jetzt. Das Fenster, das nach Süden ging, hatte den ganzen Tag Glut eingelassen. Wenn sie wenigstens die Tür nach der Küche auftun könnte, ein wenig Durchzug machen! Aber jenseits der Küche hörte sie mit geschärftem Ohr ganz deutlich seinen schweren Atemzug. Sie mußte ihre Tür verschlossen halten. Aber in ihrem Blick lag es wie Abbitte, wenn er morgens zur Arbeit ging, und abends lag es in ihrem Ton auch wie Abbitte, wenn sie sagte: »Gud Naacht!« Ihre Stimme war weich geworden, weicher auch ihr Gesicht. Und verlegen war sie. Wenn sie abends auf dem Bänkchen vor ihrer Tür saßen, den ersten kühleren Luftzug schöpften, dann wurde ihr die Brust doch nicht frei. Von Conzens herüber kam Kindergeschrei und leises Singen; es klang heimelig, es paßte in die dunkle Nacht, in der stille Sterne am Himmel standen, die alles sahen und doch nichts verrieten.

Des Seweneich Hand faßte nach der des Weibes – sie rückte ein wenig ab, er rückte nach – sie konnte nicht weiter mehr abrücken, das Bänkchen war allzu kurz.

– –

In den heißen Sommer kam keine Erlösung, kein Gewitter, kein Regen; aber der Winzer erduldet es gern: das heizte gut.

Josepha ging zum Maifeld hinauf. Sie war längst gesund, ihre Glieder hatten sich wieder gestrafft, rüstig war ihr Gang, ihre Brust voll Jugendfülle. Längst schon hätte sie hinaufgehen können, der Seweneich hatte sie nicht zurückgehalten: »Gieh noren!«

Nun stieg sie wie immer hurtig bergan, aber als sie oben am Rand das Schutzhaus erreicht hatte, stand sie still und schaute zurück. Sie suchte ihr Häuschen. Glockengeläut klang zu ihr herauf, es war heute Sonntag, und in Münstermaifeld war Kirmes. Das hatte der Seweneich begriffen, daß sie zu Haus sein wollte am Kirmestag. Sie war im besten Staat. Eine eigene Tracht trug man schon lange nicht mehr, aber der grüne Rock war noch weit und faltig, die Taille mit schwarzem Samtband besetzt, und unterm runden Strohhut, den rote Rosen garnierten und eine gekrauste Feder, steckte im Nest der Flechten der blanke Pfeil. Einen Kapottehut gleich den anderen verheirateten Weibern trug die Josepha nicht.

Ohne ein weiteres Wort hatte der Seweneich sie gehen lassen, aber er starrte ihr nach. Im Sonnenschein leuchtete ihr grünes Kleid und die roten Rosen, und er sagte sich: das ist deine Frau, deine junge Frau, deine schöne Frau – wo ist wohl eine, die schöner wär? – und da geht sie hin und läßt mich hier! Kirmes – allerlei Lustbarkeit – Musik und Tanz! Weibsmensch ist Weibsmensch, wer kann denen trauen?! Seine Augen verdüsterten sich.

Er hatte lange ganz still auf der Türbank gesessen, jetzt fuhr er auf: heute war's Sonntag – es gab keine Arbeit – auf, auf, ihr nach!

In den Seweneich war es gefahren, es piekte ihn wie ein Sporn, kaum daß er sich Zeit lassen mochte, sich anzutun. Und doch dauerte das heute lange. Die Stoppeln von einer Woche erforderten Zeit, er mußte sich zweimal rasieren. Er schnitt sich, er kratzte sich, so hastend-unruhig war seine Hand, er schimpfte und fluchte.

Als er bei Conzens vorbeilief, lachte die Frau: »Et pressiert, gel? Eier Frau is schuns vorauf!« Ja, ja, es pressierte! Er keuchte, er rannte die Höhe hinan, wie einer der sich ein Ziel gesetzt hat, das er erreichen will, erreichen muß.

Was würde sie wohl für Augen machen, wenn er auch kam?! Erschrockene? Frohe? Sie erstaunte gewiß, aber froh war sie auch – sie war ja nicht mehr so, wie sie gewesen war. Er schloß die Augen – da sah er sie vor sich in ihrem Bett. Ihre Brust so weiß, er hatte ihr Umschläge darauf gelegt. Ihr Kopf war an seine Schulter gefallen, der brannte ihn durch bis aufs Mark. Noch heute.

Zu Münstermaifeld war großer Lärm auf den Straßen. Kinder, einen Lebkuchenreiter in der Hand, mit beschmierten Mäulchen, bliesen Trompeten; für zwanzig Pfennige gab's schon eine ›Tröt‹. Andere schlugen ein Trömmelchen. Ein Leierkasten spielte Gassenhauer, Burschen pfiffen mit. Das Karussell quietschte und klimperte; drinnen unterm Überhang verborgen stand der Italiener, er schlug mit Hämmerchen auf eine Art Klaviatur: ›o dolce Napoli‹ – und ein Hund jaulte.

Es war viel Leben auf dem Platz vor der Kirche, aber Seweneich fand Josepha nicht da. Auch bei der Tant' war sie nicht, auch nicht da gewesen; er wartete dort lange auf sie.

Ob sie zu seiner Schwester gegangen war? Das sollte ihn verwundern. Aber er ging doch hin. Sie war auch nicht da. Und sie müßte doch längst, längst schon hier sein! Eine quälende Unruhe kam über den Mann, eine große Besorgnis: warum blieb sie aus? Es würde ihr doch nichts widerfahren sein?

Die Schwester redete auf ihn ein: warum denn so ängstlich? Wo sollte ihr denn etwas geschehen sein? Hier passierte nichts! Sie wird schon kommen. Vielleicht, daß sie unterwegs sich hingelegt hatte im Korn, daß sie müde geworden war! Das Weib lachte niederträchtig.

So bedünkte es wenigstens den Seweneich. Es flimmerte ihm plötzlich vor den Augen – im Korn, im Korn –?! Der Roggen war schon gehauen, aber der Weizen stand noch überall, hoch, dicht, wie eine Mauer. Der verdeckte alles! Er hielt es nicht mehr bei der Schwester aus. Mit rotem Kopf stand er auf; er wollte lieber mit den Kindern wieder auf den Markt gehen derweile.

Wo steckte sie?! Es war ihm, als müsse er sich an die Kinder klammern. Die Hand des Kleinsten fest in der seinen haltend, wanderte er mit ihnen zu den Buden. Der Knabe schmiegte sich zutraulich an, er hatte den Onkel gern. Der Tina, dem hübschen munteren Ding, mit Augen die dunkel waren wie die der Josepha, stand das Mundwerk nicht still; sie plapperte unaufhörlich: »Gel, Ohm, eweil kaufste uns ebbes? Kuck emaol, Ohm, dat Peerdche! Un hei dat Chais'che!«

Er ließ die Kinder Karussell fahren, er kaufte ihnen Lebkuchen und Zuckerstangen, sie lutschten und schleckten; er spazierte mit ihnen herum wie ein sorgsamer Vater. Nur sprechen tat er nicht viel, auf ihr Geschwätz hatte er nur ein ›Hm‹, ein Nicken oder Schütteln des Kopfes. Zuletzt begehrten sie in die Bude zu gehen, darinnen man durch Gucklöcher alles mögliche Schöne zu sehen bekam: eine Schlacht, einen lebendig Begrabenen, der am Sargdeckel kratzt, eine Hinrichtung, und dergleichen. Die Menge strömte herzu.

Seweneich ließ die Kinder allein hineingehen, er blieb draußen, er mußte ja warten auf seine Frau. Sie kam immer noch nicht. Und er stand hier wie ein Narr! Eine rasende Wut überkam den Seweneich, dieselbe Wut, die er schon vorhin verspürt hatte, als es ihm bei den Worten der Schwester rotflimmernd vor die Augen geschossen war. Im Korn – im Korn – – –?! Was konnte da nicht alles geschehen?!

Wilde Gedanken kreuzten sich wie Schwerter in seinem Gehirn: es konnte ja gar nicht anders sein, sie hatte einen Liebsten getroffen! So, nur so war es möglich, daß sie noch nicht kam! Er streckte den Schädel vor. Er hatte getrunken, nur ein paar halbe Schoppen, aber er war nicht gewohnt, so viel zu trinken. Es war ihm, als tanze der Markt mit ihm rund. Er verbiß die Zähne in der Unterlippe. Wenn er das auch noch erleben sollte, daß sie ihn betrog! »Vermaledeites Fraumensch!« Er knirschte, er spuckte aus.

Der Markt war jetzt leer, alles in den Wirtshäusern oder drinnen in der Bude. Seweneich eilte wie ein Gehetzter zum Städtchen hinaus. Sehen, sehen, sehen wo sie blieb! – – –

– –

Josepha Seweneich war nicht zum Jahrmarkt gegangen. Sie hatte es vorgehabt, sie freute sich darauf, aber als sie oben am Schutzhaus stand, noch einmal zurücksah auf Moselkern, wurde ihr das Herz wieder schwer. So schwer wie es immer gewesen war in letzter Zeit, schwerer als je zuvor. Was sollte sie machen? Wie sich verhalten?!

Es hatte sich etwas eingeschlichen in letzter Zeit, seitdem, daß sie krank war geworden und er sie gepflegt hatte – der Mann, der Seweneich war ihr so fremd nicht mehr. Und er war ihr so nah. Und immer fühlte sie, wie lieb sie ihm war. Und das sollte sie nicht rühren?!

Ihr Blut klopfte an. Wie sie dastand mit wogender Brust, zurückschaute zu dem, den sie unten ließ, war ein Bedauern in ihrem Blick. Und eine Reue. Es war eine beständige Unruhe in ihr, ein stetes Verlangen. Ein Verlangen nach was? Ein Verlangen nach wem?! –

»Heilige Jungfrau,
Jungfrau aller Jungfrauen,
Gegrüßet seist du!«

Im Schutzhause drinnen, vor dem Bild der heiligen Jungfrau, hatte sich Josepha hingekniet, betete das Vaterunser und das Gegrüßet. Die schöne stattliche Seweneich, mit dem Körper noch strotzend von Jugendfülle, war jetzt erbärmlich und klein. Jesus Maria, war das eine Not! Das war ja schlimmer als alles andere: so gegen sich selber anzugehen.

Zögernd schlich sie wieder zum Häuschen hinaus, zögernd ging sie auf Münstermaifeld zu. Sie eilte nicht mehr. Was sollte sie da?! Eine Sehnsucht erhob sich in ihr, suchend sah sie sich um – – – – da wußte sie es plötzlich: ja, ja, sie suchte ja ihn, den Petrus, den Liebsten! Den mußte sie suchen. Und wiederfinden. Zu lange schon war sie nicht hier gewesen. Viel zu lange nicht!

Jetzt fing sie an zu eilen. Sie spürte durch die Felder wie ein Hündchen, das den Herrn, den verlorenen, sucht. Ach, der Petrus, der Petrus, daß er auch so weit weg war! Sie gab sich Mühe, sich ihn leibhaftig vorzustellen, ganz so, wie sie ihn damals so arg lieb gehabt hatte: so jung, so schlank, so, wie er durchs Korn auf sie zugekommen war, voller Ungeduld, sie endlich, endlich wieder zu sehen. Ihn sich vorstellen, das konnte sie noch. Aber doch war's nicht so mehr wie früher. Sie suchte ihr Denken mit Gewalt einzig nur auf ihn zu richten.

Ohne daß sie es wollte, bog sie nach Wierschem ab. Es kam ganz von selbst. Hier war sie das letzte Mal mit dem Petrus zusammen gewesen, hier sah sie ihn wieder besser neben sich her gehen. Hier hatten sie miteinander gesessen, hier beim einsamen Kreuz im Waldesversteck. Unten rauscht die Eltz. Und auf dem Bergkegel, den der Bach ganz umwindet, ragt die Burg; gut erhaltenes Gemäuer, grau, alles grau, aber trotzig und fest, Schieferdächer und Mauerquadern, aus der Schießscharte weht ein fruchttragender Busch. So war es auch damals gewesen.

Mit einem Seufzer sank Josepha am Kreuze nieder; nun war sie hergepilgert, es war ihr so bange. Sie lehnte die Stirn an das harte Holz, sie betete lange. Es waren nicht die Worte, die im Betbüchlein stehen; ähnliche nur. Josepha formte sie um, unwillkürlich, sie wußte es nicht; eine Herzenbedrängnis, eine Angst vor sich selber trieb ihr das Gebet so auf die Lippen. Sie betete laut; sie rang im Gebet. Und dann ward sie müde, eine Mattigkeit überkam sie, wie nach einem Kampf.

Das Bild der Jungfrau, ein Bildchen nicht größer als eine Handfläche, ist in der Mitte des Kreuzes angespießt. Das Bildchen lächelte auf Josepha herab. Sie war nun beruhigter. Sie schlug ein Kreuz und setzte sich hin. Auf diesem Bänkchen am Buschwerkrand, da hatten sie auch damals gesessen!

Sie breitete ihr grünes Kleid glatt aus und nahm sich den Hut mit den Rosen vom Kopf, er drückte ihr schwer auf die Stirn.

»Jungfrau aller Jungfrauen,
Allerkeuscheste, Unbefleckte! – – –«

Sie murmelte es noch. Und dann hatte sie einen Traum.

Die Eltz rauschte sacht, im Busch zwitscherte leise ein Vogel. – – – – – – – – – – – Das war seine Stimme! Des Petrus Stimme! Jetzt erhob die sich, aber sie war nicht so weich, so einschmeichelnd mehr; nicht bittend, wie der Petrus sonst bitten konnte, sie war gebietend. Josepha erzitterte.

›Und wenn ich dich denn nicht haben darf, so soll auch kein anderer dich haben!‹ – – –

»Allerkeuscheste, unbefleckte, heilige Jungfrau, immerwährende Jungfrau« – – –

›Schwöre es mir, schwöre es mir!‹

»Ich schwöre bei Gott, dem Allmächtigen« – Er reißt ihr die Hand hoch, sie kann nicht widerstreben. Sie hat noch nie geschworen in ihrem Leben, sie ist ja noch so jung, eine tödliche Angst überkommt sie: nie darf man so einen Schwur vergessen, ihn nie wieder brechen, sonst wird man verdammt. Es ist nicht das Gericht auf Erden, das man fürchten muß, das ewige Fegfeuer kommt mit ewigen Strafen – so spricht der Petrus.

Seine Augen bohren sich fest in die ihren ein, bitten und drohen. Erst hat er geweint, er hat das Mädchen lieb, er vergeht nach dem Mädchen – sie haben sich umklammert gehalten wie Kinder, die nicht aus noch ein wissen, keinen Weg mehr sehen – jetzt aber reißt er sich los. Er zwingt sie auf die Knie vor das Kreuz mit dem Bildchen. Er ist nicht mehr derselbe, der sie eben noch liebend umschlang, er steht über ihr. Seine Gestalt wird so groß, immer größer und breiter, reckt sich, dehnt sich, wird stark wie ein Baum; das Feuer flackert aus seinen Augen. Er ist ein Riese, sie nur ein Zwerg. Sie kann gar nicht anders und will auch nicht anders, sie schwört bei ihrer Seligkeit, bei ihrer zeitlichen und ewigen Seligkeit, daß sie nie einem anderen gehören wird. Und doch ist sie des Seweneich Frau!

– –

Mit einem lauten Seufzer erwachte die Seweneich. Jesus, sie hatte geschlafen, wohl lange schon?! Die Sonne, die aufs Bildchen am Kreuz geschienen hatte, war tiefer gesunken, Schatten machten sich breit.

Einen scheuen Blick warf Josepha um sich, es durchschauerte sie. Sie wußte ganz klar, was sie eben geträumt hatte, sie war sich dessen wohl bewußt. Jesus Maria, Josef, es war ein Traum, den ihr die Jungfrau selber geschickt hatte! Was sie damals gelobt hatte, das hatte ihr die heute noch einmal gezeigt, damit sie fest sei. Und fest bleibe.

Josepha Seweneich schlug ein Kreuz, mit heiliger Scheu sah sie zum Bildchen hinüber: »Ich weiß et, ich weiß et, wat mer geschworen hat, dat muß mer auch haalten!«

Sie glättete mit beiden Handflächen ihr verwirrtes Haar, sie stülpte sich den Hut wieder auf und empfand dessen Schwere. Warum denn aber, o Jesus, oh warum hatte sie sich denn dem Seweneich antrauen lassen? War das nicht beinahe auch wie ein Schwur? Oh, hätte sie doch nie, nie auf die Mutter gehört! Sie war noch zu jung gewesen, Jesus, so dumm, kaum achtzehn Jahr – nun hatte sie den Seweneich so arg angeführt!

* * *

Der Seweneich sah sie kommen. Er stand hinterm Schober und spähte aus. Da kam sie gegangen von Wierschem her. Was hatte sie denn da zu suchen gehabt?! Seine hungrigen Augen verschlangen fast ihre Gestalt. Wie schön sie war! Der Wind des Ackers spielte mit ihrem Kleid, legte es prall an ihren Leib, schmiegte es eng an ihre Beine, sie konnte kaum schreiten mehr, spreizte dann wiederum ihre Röcke weit ab. Die Rosen auf ihrem Hut waren wie lebendig geworden, blühten rot in der Sonne.

So gut hatte sie ihm noch niemals gefallen. Das glaubte er wohl, daß die den anderen auch in die Augen stach. Aber – »Unnerstieh dech noch ehs!« – er ballte die Fäuste.

In sein sonst so gleichmütiges, stumpf-hölzernes Bauerngesicht kam ein Zucken und Arbeiten. Eine Eifersucht, die keinen Grund wußte, aber einen suchte, stritt mit dem Vertrauen, das er trotz allen in die Josepha setzte. Nein, das glaubte er nicht daß sie sich mit einem getroffen hatte, das tat sie ihm nicht an, – aber wo war sie denn so lang aus geblieben? Warum hatte kein Mensch auf der Kirmes sie zu sehen gekriegt? Das war ihm ein Rätsel, und das machte ihm Unruh. Er könnte sie ja fragen – aber würde sie ihm denn die Wahrheit sagen? Nein, – ja, – ja, – nein! Jesus Maria, das war schrecklich, wie ihn die Unsicherheit plagte!

In finsterem Grübeln stand der Seweneich hinter dem Roggenschober, die Fäuste geballt, und stierte zu Boden. In geringer Entfernung war sie an ihm vorübergegangen; er hatte sie vorbeigehen lassen, die Kehle war ihm wie zugeschnürt, er rief sie nicht an.

Sie ging nicht links hinüber nach Münstermaifeld – was, wollte sie denn gar nicht hin zur Kirmes?! Sie hatte sich rechts gewandt. Was, wollte sie etwa schon heim?! Wie Freude zuckte es durch des Mannes Qualen: sie hatte nicht Lust auf die Kirmes zu gehen, sie wollte lieber nach Haus, sie dachte, er wäre da so allein! Sie wollte zu ihm, zu ihm!

Der Seweneich atmete zittrig, schon fühlte er ihren Kopf an seiner Schulter – da – da hatte sie ihn hingelegt! Oh, war das schön gewesen!

Er seufzte laut auf; es war etwas übermächtig in ihm, das machte ihn völlig zum Narren. Wie hatte er nur einen Moment von ihr schlecht denken können?! Die – die – die war ja so rein wie die Sonne, so unbefleckt wie die heilige Jungfrau selber! Nie, nie, wollte er sie wieder schlagen und auch nicht schimpfen; leben würden sie wie die Engel im Himmel – er und sie!

»Josepha!« Sie hörte ihn nicht, sie drehte sich nicht um. Den heiseren Ruf hatte die Weite verschluckt. Sie war schon ein gutes Ende voran im Korn. Der Weizen stand hoch, er verdeckte sie. Nur ihr Hut tauchte zuweilen auf, jetzt hier – jetzt schon da – sie schritt wacker zu.

Er schlich hinter ihr her. Nun, er wollte doch einmal sehen, was sie denn trieb?! Daß sie ihn nur nicht merkte!

Verlangsamte die Josepha ihren Schritt, so blieb der Seweneich stehen oder ging auch langsam; er hätte sie längst einholen können, denn sie zögerte nun. War es ihr doch leid, wollte sie nun doch lieber umkehren? Oder wartete sie vielleicht auf jemanden hier?!

Die Frau war stehen geblieben, mit einem langen Blick sah sie rundum. Als ob sie hier etwas verloren hätte! Oder suchte sie einen?!

Der Seweneich kauerte nieder ins Korn, die schweren Ähren des Weizens schlugen über seinem Kopfe zusammen. Sie sah ihn so nicht, er aber sah sie. Wenn er mit zwei Fingern die Ähren voneinander tat, konnte er sie grade stehen sehen. Weiter nichts durch den schmalen Auslug sehen, als ein bißchen Helle, und sie, sie.

Es kitzelte ihn am Gesicht, es kitzelte ihn an den Händen, es kitzelte ihn im Nacken, ein wollüstiger Schauder lief ihm den Rücken herunter. Hier waren nur er und sie – hier kam heut niemand her – hier waren sie so allein wie daheim in der Stube – nein, viel mehr allein – er und sie! Hier, hier konnte sie keine Tür zuschließen!

Nun ging sie weiter. »Josepha, haalt!« Er sprang auf. Wie ein Hund, der das Wild stellt, stürzt er aus den Ähren: »Haalt!«

Sie wandte sich um.

Sie waren nicht weit vom Schutzhäuschen mehr. Drinnen vorm Marienbild flackerte dünn ein Kerzchen, man sah des ärmlichen Lichtchens zuckenden Schein.

Jetzt hatte er sie eingeholt, jetzt stand er bei ihr. Er fragte nicht: »wo kommste her, wo willste hin?« Er faßte nach ihrem Kleid, als fürchte er, daß sie ihm entrinne.

Sie erschrak nicht, daß er so plötzlich da war, sie hatte ja immerfort an ihn gedacht. Aber daß er sie so am Kleid packte, daß er sie so – – Jesus, wie er sie ansah!

Er war sehr rot im Gesicht, seine Augen schwammen, der Atem ging ihm ganz laut.

»Laoß mech los!« Sie suchte ihr Kleid seinem Griff zu entwinden, da griff er noch fester zu. Und sein heißes Gesicht nah an dem ihren, raunte er etwas, sie verstand es nicht. Aber es überlief sie dabei.

Sie erzitterte, sie wurde sehr blaß und dann glühend rot: »Laoß mech!« Sie wehrte ängstlich ab, aber doch nur mit halber Kraft.

Ein paar Schritte zog er sie – da war das Schutzhäuschen, darum stand das Korn hoch, der Weizen so überreif, fällig für den Schnitter.

Sie hielt die Lider geschlossen, sie war auf einmal ganz schwach. Aber plötzlich riß sie die Augen weit auf, eine furchtbare Angst fiel sie an, ein jähes Entsetzen: was wollte er?!

– – – ›Allerkeuscheste, unbefleckte, reine, immerwährende Jungfrau!‹ – – – – Es flimmerte ihr vor den Augen, es siedete ihr in den Adern, sie hörte das Klopfen des eigenen Blutes.

Ihr Kleid zerriß. Des Mannes Arm hatte große Gewalt, dem hielt sie nicht stand, sie fühlte es, ihr Wehren half nichts, nichts half ihr Sträuben. Sie trat, sie schlug um sich, sie stieß ihn zurück.

Sie sprachen nicht, stumm war der Kampf. Stumm stürmte er ein, stumm verteidigte sie.

Sie wankte, sie stürzte nieder ins reife Korn. Da schrie sie laut auf mit gellendem Schrei: »Heilige Jungfr – – –!«

Seine Hand erstickte den Hilferuf. Schwer legte sie sich auf ihren Mund: »Biste still!« Eine Last erdrückte sie.

Der Seweneich stemmte seine Knie auf des Weibes Brust. Das gab keinen Laut mehr.

* * *

Die Josepha Seweneich, gebürtig aus Münstermaifeld, wohnhaft zu Moselkern, war erwürgt gefunden worden oben im Korn. Und doch sprachen die Geschworenen, die Männer im blauen Leinenkittel mit den harten Bauerngesichtern, dem Ehemann der Ermordeten, dem Jakob Seweneich, mildernde Umstände zu. Denn das Weib, das dem Seweneich angetraut war vor Gott und den Menschen, das bei ihm gewesen war zwei Jahre und mehr, das wurde als Jungfrau zu Grabe getragen.

* * *

Heinrich Feiten

erschienen in »Franzosenzeit«, 1925

Langsam gingen die jungen Männer, vorsichtig sahen sie sich um. Sie hatten ihre Mädchen am Arm, aber die schwatzten nicht laut wie sonst, die schauten auch oft zurück und spähten den Weg hinab zum Ort, von dem man aufstieg.

Ein Frühlingstag, schön wie ein Traum. Ruhig flutet die Mosel dahin, ein glattes silbernes Band, sich windend durch grüne Ufersäume. Und auf diesem Grün unzählige blühende Obstbäume, die das Weiß und Rosa ihrer duftenden Wolken abspiegeln im Kristall des Wassers. Wie fernes Orgelsummen klingt's in den Lüften; Millionen von Bienen schwärmen, sie fallen ein in die weiße Kirschblüte und tauchen unter im Rosenflor der Apfelhaine. Verklärender Glanz über allem, überm Fluß, über den Weinbergen, die von den schmalen grünen Ufersäumen steil aufsteigen, nackt und felsenbröcklig. Noch zeigen die Reben kein Leben, nur sorgsam aufgebunden stehen sie in Reih und Glied; über den Schieferschotter ragen ihre gespitzten Stöcke, Stock neben Stock, auf der schmalsten Kante, auf dem kleinsten Plätzchen, bis hoch hinauf zum waldbegrenzten Grat. Der ganze Berg ist bewehrt wie mit aufgepflanzten Bajonetten. Ein Pfirsich schüttet da und dort sein Purpurblut übers Felsengrau, und Goldlack zwängt sich leuchtend aus den Ummauerungen. Grüne Eidechsen funkeln, bunte Schlänglein ringeln sich. Hunderte und Aberhunderte von Weinbergshyazinthen heben die kleinen Raupenhelme ihrer Blüten enzianblau aus dem stumpfen Grau des Schiefers. Wo an den Felsrippen der Weinberge Rasenhänge wie weiche Samtkissen sich anschmiegen, sind gelbe Primeln ausgeschüttet – Himmelschlüssel – sie erschließen der Erde den Himmel des Frühlings. Sie duften, veratmen süßen Hauch. Und vieles andre duftet auch, jede Grasnarbe, jede Erdkrume, jedes Kraut; der Flor der Obstbäume, die treibenden Buchen am Waldrand oben, die sonnengewärmten Nadelhölzer, die, schlank anstrebend und makellos, den Pinien und Zypressen gleich, in fast südlicher Schönheit wachsen in diesem Lande, das, geliebt von der Sonne, voll ist von milder Luft, auserwählt an Weinen und an Früchten.

Das letzte Paar der den Berg Hinansteigenden war ein wenig zurückgeblieben. Der Mann stand und sah hinunter, wo jetzt tief schon der Ort lag. Verschlafene Stille des Sonntagnachmittags auf den kleinen Häusern, auf den engen Gassen, hinter denen gleich Weinberge aufsteigen und vor denen Moselkähne ankern. Stumm sah er hinab und dann weiter hinaus, wo der blaue Duft ferner Eifelhöhen im Sonnenglast flimmerte.

Das Mädchen drückte seinen Arm und atmete tief mit offenem Mund, als wolle es einschlürfen von der weichen Luft und dem süßen Geruch, der sich wie Wohlgeschmack auf die Zunge legte. »Ha, is dat en Tag!«

Er nickte schweigend; er sagte nichts, und sein ernstes Gesicht wurde auch nicht heiterer.

Sie aber war fröhlich. Oh, sie freute sich sehr, hier hinaufzugehen zum Forsthof, von wo man die schönste Aussicht hatte, die man nur finden konnte moselauf, moselab. Da sah man jenseits den Hunsrück auftauchen, auf seinen Feldern grünten die Saaten, leuchtete hellgolden der Raps; wie ein Teppich, in vielen Karos gewoben, schimmerte bunt das bebaute Land. Und über die Mosel schwangen sich Eisenbahnbrücken in schönen Bögen, man hörte Züge darüber donnern und sah sie dann plötzlich verschwinden im Tunnel, nur ein Wölkchen Dampf blieb noch von ihnen zurück. Dann war's wieder so feiertäglich, so still wie zuvor. Man sah eine alte Burg, hoch und keck auf steilem Bergkegel, eine Klosterruine tief im Wiesengrund; und sah Kähne über den Fluß gleiten, vielleicht auch ein Dampfschiff, sah schöne Landhäuser von reichen Besitzern, sah viele freundliche Dörfer, bald rechts und bald links von der immer aufs neue sich schlängelnden Mosel. Sah Wallfahrtskapellchen, hell leuchtend an steilen Stationswegen, sah reich die Baumblüte, sah Reben, Reben – die köstlichsten Lagen. Und kehrte man sich ab vom Fluß, sah rückwärts ins Land hinein, dann baute sich, Welle hinter Welle, die Eifel auf und war so geheimnisvoll blau und so lockend duftig, als berge sie Wunder.

Lisa May war glücklich. Sie hatte den Alltag heute ganz vergessen. Heut ging man zum Forsthof, da kehrte man ein. Früher war eine vielbesuchte Wirtschaft oben gewesen, mit dem Krieg hatte sie aufgehört, aber der Wirt hatte seine Tische und Bretterbänke dagelassen, man konnte vor der Tür sitzen auf dem kleinen Altan, wie schwebend über dem Weinberg, der bis hier herauf an sonnenwarmer Südwand seine Stöcke reckt. Wenn man dem Förster bekannt war, so bekam man eine Flasche Wein, und die Försterin ließ sich herbei, einen Kaffee zu kochen. Und oben im Haus war der leere Saal, darin man tanzen konnte. Und daß jetzt nur selten welche im Forsthof einkehrten, das war gerade gut; man war hier ganz unter sich, es kam keiner herauf und behorchte jedes Wort und belauerte jede Miene.

Des Mädchens Augen leuchteten auf; es schüttelte sich, als schüttle es etwas von sich ab, und dann jauchzte es plötzlich aus voller Brust.

»Sei still!« Der Mann legte Lisa die Hand auf den Mund.

Sie stieß die weg und lachte übermütig: »Ei was, hier hört et ja keiner! Laß mich doch lustig sein. Man weiß ja sonst gar nit mehr, dat mer jung is!«

Er brummte etwas zwischen den Zähnen, und sein Gesicht, das offen und gutmütig war, bekam etwas Finsteres.

Sie mußte verstanden haben, was er brummte, denn sie sagte eifrig, in hastigem Flüstern: »Weißte, wat viele sagen? Daß dat Maß nu bald voll is.«

Er schüttelte den Kopf: »Die kommen mit Tanks und Kanonen, ihrer zehn und mehr auf einen von uns, akkurat wie damals in Frankreich. Tanks und Kanonen – und wir?« Er hob die Schultern wie in einem Schmerz und ließ sie dann wieder sinken: »Wir haben nix.«

»Ihr habt doch noch eure Händ'!« Sie nahm seine großen Hände und schlug lachend darauf: »Sind die denn nix?« Ein entschlossener Zug kam um ihren weichen Mund: »Ich sag' dir, Jung, mir soll nur einer kommen!«

Nun mußte er lachen; sie war komisch in ihrem Zorn, und wie sie ihre zierliche Gestalt reckte und ihre Augen blitzen ließ. Ein hohes Rot war ihr ins Gesicht gestiegen. Er strich ihr mit verliebter Bewunderung über die heiße Wange: »Ja, Lisa, du bist eine! Aber red' dich nit so in Rage herein, et hilft doch alles nix, wir müssen ruhig bleiben.«

»Wie lang noch?« Sie fuhr auf. Als er zärtlich den Arm um sie legen wollte, machte sie sich unwillig frei. Ruhig sein, immer ruhig bleiben, wie man das konnte, nein, das verstand sie nicht. »Du bist mir en Held!« Halb ärgerlich, halb neckend lachend rannte sie fort von ihm und den andern nach. Der Christina, die sie zuerst erreichte, gab sie lustig einen Schlag auf den Rücken und hing sich ihr dann an den Arm.

Langsamer folgte Heinrich Feiten. Langsam wie sein Schritt war sein Denken, ein wenig schwerfällig. Er sann in sich hinein: wenn es nun so kommen würde, wie die Lisa meinte, wenn man mit diesen Händen – er hielt sie ausgestreckt vor sich und betrachtete sie nachdenklich – wenn starke, harte Hände zupackten, festhielten, für all die Quälereien, die Beleidigungen, die man hatte erdulden müssen, Rache nahmen? Er schüttelte den Kopf; einen Augenblick war es in ihm aufgestiegen, heiß und drohend, aber nun war er wieder kühl, und seine Besonnenheit, die Lisa oft ungeduldig machte, war wieder da. Nein, solches war kein Tun, das der Heimat nutzte! Und er war ein verträglicher Mensch, der lieber versuchte im guten auszukommen, wenn es auch oft schwer fiel. Die Lisa freilich, die hatte Schneid!

Ja, seine Lisa, die ließ keinen an sich heran! Sein Stolz auf sie war so groß wie seine Liebe zu ihr. Was tat es, daß sie arm war, konnte er denn nicht genug verdienen? Wenn sie auch keine Aussteuer hatte, weil sie, was sie verdiente, ihrer Mutter geben mußte, die seit zwei Jahren gelähmt und zu allem unfähig im Bette lag, und auch noch ihre Schwester mit ernähren mußte, die kleine Maria, sie hatte doch mehr als die reichste Aussteuer: ihren guten Leumund, ihre stete Gesundheit, ihren frohen Sinn und nicht zum letzten ihr schönes Gesicht. Oh, sie war hübscher als alle andern zusammen!

Seine aufstrahlenden Blicke hängte er an das weiße Kleid vor ihm, an den roten Bandgürtel, der lustig flatterte. Er hörte sie schwatzen; hoch klang ihre Stimme über den andern Stimmen, die hatten alle nicht den gleichen fröhlichen Klang. Und er machte große Schritte, um nachzukommen. Es war ihm, als hätte er schon zu viel von der Liebsten versäumt. – –

Sie waren alle fröhlich. Vier junge Männer, vier junge Mädchen. Sie stießen sich lustig in die Wiese hinein, die unter dem Forsthaus seitlich am Hang liegt. Lauter Blumen, ein bunter Teppich. Die Mädchen schrien vor Entzücken: so viel Himmelschlüssel und Hahnenfuß, und hier Hundsveilchen, so blau, so blau! Sie pflückten und pflückten.

Lisa im weißen Kleid saß mitten auf der Wiese, sie warfen ihr Blumen in den Schoß. Das Settchen, die Jüngste, kniete vor ihr und reichte ihr zu, sie wand sich davon einen Kranz. Als sie sich den aufsetzte, hingen ihr die goldenen Bommeln des Hahnenfuß schön ins dunkle Kraushaar. Nun bekam Settchen einen Kranz von Gänseblümchen, die blonde Christina einen ganz blauen, die große Kathrina einen, der war gebunden von allerlei Bunt und vorn hoch wie ein Diadem. So geschmückt gingen sie weiter.

Lisa war übermütig, vor Lust ausgelassen, als hätte sie den Frühling noch nie so verspürt. Sie rannte mit offenem Mund, nicht genug konnte sie einatmen von der köstlichen Luft, sich nicht satt trinken daran. Sie schlürfte und schlürfte, ihre Augen strahlten blank vor Lust, ihre Füße waren wie Flügel, sie flog.

Sie waren laut gewesen, nun war die Freude stiller geworden. Sie saßen auf dem kleinen Altan über der Wand des Weinbergs beim Wein, und sie sahen tief unten die Mosel fließen, die sie kannten von Kindheit an und die ihnen noch nie so schön gedeucht. Es lag ein so tiefer Friede über dem Tal, daß man nicht denken konnte, da unten sind Menschen, die Böses wollen und Böses tun. Engelsflügeln gleich schwebten die weißen Arme blühender Bäume, ein Odem von Heiligkeit wehte herauf und mengte sich mit dem Duft jungen Lebens, den die Buchen des Waldes und der Opferrausch besonnter Tannen ausströmten.

Lisas Augen waren nicht mehr so lustig blank, sie blickten jetzt sanfter, verstohlen schob sich ihre Hand in die des Liebsten. Wenn der Heinrich auch ein stiller Mensch war und nicht so »viv«, wie es ihr sonst wohl gefiel, wenn sie auch gern gesehen hätte, er wäre mehr aufgetreten, wie es doch andre taten, die auch nicht klüger waren als er, und die nicht so viel Fleiß hatten und sich noch nicht so viel erworben hatten, daß sie daran denken konnten, ein armes Mädchen zu freien, heute fühlte sie es, sie hatte ihn lieb. Sehr lieb. Und ein Glück lag vor ihr, das keine der andern vor sich hatte. Ihre Hand drückte fester die seine. Ihr Blick verschwamm, versank in der Schönheit der Heimat.

Und daß es der Heimat galt, als nun einer der jungen Männer sein Glas hochhob, das fühlten sie alle, selbst das noch kindische Settchen. Oh, daß sie wieder frei würden! Die Gläser stießen zusammen mit hellem Klingklang; und ohne daß einer es gesagt, huben sie an zu singen – das Mosellied – und dann andre Lieder von »Deutschland und von der Wacht am Rhein«, Lieder, die man unten nicht singen durfte. Aller Scheu bar, voll und frei, klangen die schönen Stimmen in die silbrig werdende, leise bewegte Luft. – – –

Der Nachmittag wollte scheiden, abendlich rauschten die Tannen oben am Bergkopf, und der Kuckuck, der vorher vielhundertmal gerufen hatte, war still geworden. Sie gingen hinauf in den Saal. Der war leer und öde, die Fenster blind, aber man öffnete sie, und herein strömte die Frühlingsluft. Die stöberte in den staubigen Ecken, faßte die dürren Girlanden mit den bunten Papierrosen, noch quer gespannt von Jahren zuvor, daß sie sich leise raschelnd bewegten; aufzuglühen schienen die verbleichten Rosen, wieder Farbe zu bekommen und neu zu erblühen.

Lisa May hatte zuerst das Grammophon entdeckt. Wenn es auch quietschte und mitunter aussetzte, das machte nichts. Bald tanzten die Paare. Man hatte keine Beleuchtung im Saal, das bißchen silbriger Dämmerschein, der durch die Fenster kam, gab Licht genug.

Federnd leicht hüpfte Lisa über die wurmstichigen Dielen, sie war eine unermüdliche Tänzerin, voller Hingabe an den Tanz;

von einem Arm ging's zum andern. Mit einem »Ha«, halb Laut des Entzückens, halb Seufzer der Ermattung, fiel sie endlich ihrem Bräutigam in die Arme. Er zog sie ans Fenster, sie atmete rasch, sie ließ den heißen Kopf an seine Schulter sinken: war das schön heute! »Was bin ich glücklich,« flüsterte sie. »Du auch?«

Er nickte. Es waren ihm nie viel Worte gegeben, jetzt konnte er noch weniger sagen als sonst. Jetzt war auf einmal all das vergessen, was einen täglich so kränkte und aufbrachte, daß man zähneknirschend die Wut in sich verbiß. Jetzt war alles das fort – er atmete tief, wie befreit – ihm gehörte die Heimat, das Mädchen, die ganze Welt. Er drückte die Liebste an sich.

Ihr Kuß kam dem seinen entgegen; hingebender als sonst schmiegte sie sich an ihn. »Was bin ich dir gut,« flüsterte sie. »Wenn unser Hochzeitstag ist, dann gehen wir hier herauf, gelt? Du und ich, wir zwei ganz allein, im Angedenken an diese Stund'.«

Ach, wenn jener Tag nur erst da wäre! Sie spürten beide eine Ungeduld. Die Luft war wie Wein, sie machte trunken.

»Komm heraus,« flüsterte er, die Lippen an ihrem Ohr. Sein Atem ging rasch. Die andern tanzten, niemand würde es merken, wenn sie fehlten.

Aber der Blick ihrer Augen traf ihn rein und groß; mit einem Lächeln, das lieb war und doch abweisend, schüttelte sie den Kopf. Wenn sie auch nur ein Servierfräulein war und leiden mußte, daß manche Gäste ihr plumpschmeichelnde Redensarten machten, dazu hielt sie zu viel auf sich, um jetzt mit ihrem Schatz ins Dunkle zu gehen. Sie nahm ihn bei beiden Händen und hielt ihn so von sich ab. Ihre Blicke versanken ineinander.

Sie hatten nicht bemerkt, daß hinter ihnen im Saal plötzlich Unruhe war. Der Förster kam atemlos: unten waren soeben welche von der Besatzung angekommen. Noch nie waren die hier oben gewesen, heute drei Mann. »Schnell, macht euch lieber fort!« Der alte Mann war ängstlich, er fürchtete einen Krawall. Jetzt saßen die noch draußen auf dem Altan, die Frau brachte ihnen den verlangten Wein. »Macht fort! Macht fort!« trieb er ängstlich an.

Die Mädchen flatterten wie gescheuchte Hühner – wenn die unten das Grammophon nur nicht schon gehört hatten! Es verstummte jäh – zu spät, da waren sie schon.

Mit einer Sicherheit, die reizen konnte, betraten sie den Saal. Zu dritt verstellten sie die Tür: »Licht! Tisch! Stiehle!«

»Wein 'ier 'er!« Der Sergeant, der kleine Blonde mit dem aufgezwirbelten Bärtchen, sprach Deutsch. Die andern schienen nicht Deutsch zu können, sie lachten aber laut, als ihr Vorgesetzter dem Förster, der nicht sofort dem Befehl folgte, mit der Spitze des Stiefels unsanft gegen die Kehrseite stieß: »Allez hop!«

Für Augenblicke war es totenstill im Saal. Auf einen Haufen hatten sich die Mädchen gedrängt. Die jungen Männer standen unschlüssig. Sollte man sich diese Störung gefallen lassen oder nicht? Warum weglaufen, wie der Wirt meinte? Man hatte hier ebensoviel Recht wie die, war Gast und hatte gegen nichts verstoßen. Matthias Klausen, der Liebste der großen Kathrina, ging hin, legte eine neue Platte aufs Grammophon und kurbelte an; das beste, man tat so, als wäre gar niemand eingetreten, und vergnügte sich weiter. Aber wenn das Grammophon auch einen Tanz herunterschnurrte, es tanzte niemand. Vergebens forderten die jungen Männer auf, die Mädchen wollten nicht, die Lust war ihnen plötzlich vergangen. Der Wilhelm Theißen hatte das Settchen schon bis mitten in den Saal gekriegt, nun ließ ihn die Kleine auf einmal los und flüchtete hinter die größeren Freundinnen. Das war dumm von ihr; es fiel auf. Mit raschen Schritten kam der kleine Sergeant auf sie zu – sie duckte sich im Halbdunkel. Aber nun wurde es auf einmal hell, die Försterin war mit einer Lampe gekommen.

»Kss, kss!« machte der Sergeant. Wie sich das Mädchen ängstigte! Das machte ihm Spaß. Er faßte das junge Ding um die Taille und zerrte es vor. Er ließ es nicht los, so sehr es sich auch sträubte.

Settchen stemmte die Faust gegen seine Brust: nein, sie wollte nicht tanzen mit dem da, überhaupt nicht tanzen! Das war kein Spaß mehr, wie er sie festhielt. Aber es half dem Settchen kein Sträuben, es mußte sich herumwirbeln lassen.

Die zwei andern kamen auch näher; sie schlenderten, die Hände in den Hosentaschen, recht nachlässig, und ihre Augen suchten sich schon die Hübscheste aus.

Heinrich Feiten fühlte, wie das Blut ihm zu Kopf schoß: die Frechheit war zu groß. Bildeten die sich vielleicht ein, die Mädchen würden sich noch eine Ehre daraus machen, ihnen zu Willen zu sein? Sein Blick flog zu den Freunden: was jetzt tun? Wollen wir sie hinauswerfen? Es sind ihrer drei, aber wenn's ihrer auch sechs wären, und wenn sie auch den Revolver am Gurt haben, wir haben unser gutes Recht. Es zuckte ihm in den Händen, laut ging ihm der Atem. Und wie ihm war es den andern. Leidenschaft, Empörung, Wut flammten plötzlich auf. Heiß ging ein Atmen durch den Saal. Es fiel kein Wort. Totenstille, wie vor Ausbruch eines Gewitters, die Luft schwül, geladen mit Elektrizität. Der weite Saal war zu eng.

Es gab kein Ausweichen mehr. Die drei hatten die Stimmung bemerkt. Der Sergeant ließ plötzlich das Mädchen los, er schleuderte es von sich, daß es aufkreischend in eine Ecke flog und dort in die Knie fiel: »Deutsche Sweine!« Ihre Waffe entsichernd und schußbereit ausgestreckt vor sich haltend, zogen die drei sich nach der Türe zurück.

Würden Schüsse fallen? Gab es Blut?

Diesen Augenblick benutzte Lisa. Sie sprang vor, streckte den Arm aus – krach! Die große Lampe der Försterin, die Licht gegeben, lag am Boden und erlosch qualmend mit Klirren. Stockdunkelheit.

Sie waren Sieger, und doch gingen sie wie Geschlagene. Die Eindringlinge hatten das Feld geräumt; aber stumm, niedergedrückt, die Köpfe gesenkt, schlichen die jungen Männer. Jene drei waren nicht allein die Feiglinge. Daß man jene so hatte ziehen lassen, das war auch für sie eine Schmach. Stumm und verdrossen gingen sie und gedemütigt.

»Wir hätten uns dat doch nit gefallen lassen sollen,« sagte jetzt Karl Klausen, der Bruder vom Matthias, aus dem lastenden Schweigen heraus. Seine blonde Christina, die schüchtern meinte: »Was hätt' man denn aber tun sollen, wenn die doch schießen wollten?« fuhr er unsanft an: »Halt den Mund. Weiber verstehn so ebbes nit!« Sie waren alle der Meinung des Karl, daß man es hätte darauf ankommen lassen sollen, ob die schossen. Und wenn sie schon einen angeschossen hätten, unverwundet wären auch sie nicht davongekommen.

»Aus 'm Fenster hätt' mer den Allerfrechsten schmeißen sollen, den kleinen Blonden – so im Schwung, dat er den Berg gleich eruntergekollert wär' bis in die Mosel!« Der junge Theißen war der allerwütendste, dem Settchen war zu übel mitgespielt worden, es war so erschrocken, daß es noch immerfort weinte. – –

Der schöne Tag war traurig zu Ende gegangen. Glückselig frei waren sie am Nachmittag durch den hellen Frühling hinaufgegangen – jetzt war es noch immer Frühling, die Nacht war sanft und warm – aber sie schlichen verstohlen abwärts, verstimmt und niedergeschlagen. Sie wagten es nicht, den gleichen Weg wie am Nachmittag zu gehen, sie kletterten den heimlichen Pfad durch den Weinberg hinab, behutsam, daß der Schotter nicht rutschte und fallende Steine kein Geräusch machten. Die Liebenden hatten sich trennen müssen, der schmale Steig hatte nicht einmal Platz für das engstumschlungene Paar.

Hinter Lisa ging als letzter Heinrich Feiten. Plötzlich vermißte sie ihn. Er war sehr stumm gewesen, hatte kein Wort zu allem gesagt, was die andern auch sprachen. Nichts zu den Vorwürfen, die Karl Klausen sich und den andern machte, nichts zu Wilhelms Vorschlag mit dem Aus-dem-Fenster-werfen; hatte dann auch nicht dem Matthias zugestimmt, der Lisa bitter ausschalt, daß sie die Lampe verlöschte. Und als Matthias Klausen in seiner Erregtheit ihm, als dem Ältesten und Stärksten, etwas von »feige« an den Kopf warf, erwiderte er auch darauf nichts.

Nun waren sie alle still geworden und achteten nur auf den Weg. Lisa spürte Heinrich plötzlich nicht mehr hinter sich. Sie wandte sich um. »Heinrich?« fragte sie leise ins Dunkle hinein. Keine Antwort. Sie blieb stehen und wartete, er würde nachkommen. Er kam nicht. Minute auf Minute verstrich, noch immer war er nicht da. Ob sie es den andern zurief, daß auch sie warteten? Wo blieb er? Alles so still. Da kehrte sie wieder um. Hastig kletterte sie zurück, sie war plötzlich unruhig, ihre Augen durchforschten das fahle Licht.

Da sah sie ihn, seitwärts vom Pfad, mitten zwischen den Stökken. Er hielt einen Pfahl mit beiden Händen umklammert, als hielte er sich daran, und hatte das Gesicht auf die Hände gelegt. So stand er unbeweglich.

Sie rief ihn an: »Heinrich, warum kommst du dann nit?«

Er fuhr auf: »Geh nur, geh!«

Sie faßte seine Hand: »Was ist dir?« Da sah sie, daß er geweint hatte; sie fühlte es mehr, als daß sie es sah.

Und wie sie, wenige Stunden zuvor, geflüstert hatte: »Was bin ich glücklich!« so stöhnte der Mann jetzt – all das, was er in der Frühlingslust heute vergessen, jetzt doppelt stark wieder empfindend – stöhnte aus tiefster Seele: »Was bin ich unglücklich!«

Lisa May ging, zum letztenmal als Mädchen, zu ihrer Tante ins Dorf auf der andern Seite der Mosel. Da war sie lange nicht gewesen. Nun hatte ihr die gute Frau ein Geschenk geschickt; in zwei Tagen sollte die Hochzeit sein, da ging sie noch schnell sich bedanken. Nachher kam sie vielleicht nicht gleich dazu, da war so viel Neues, und ihre Stellung als Servierfräulein behielt sie doch vorderhand auch noch bei.

Es war rascher gekommen mit der Hochzeit, als sie vor kurzem noch gedacht hatte. Heinrich Feiten hatte nicht Geduld mehr. Es trieb ihn eine seltsame Unruhe. Noch hatten sie nicht alles beisammen, was sie zum Haushalt brauchten, aber er drängte: wozu warten? Den Gedanken, den er anfangs weit von sich gewiesen hatte, bei Lisas Mutter unterzuschlüpfen, denn eine Wohnung bekamen sie so rasch nicht, den griff er jetzt freudig auf. Ihn trieb eine Angst – geheim, unerklärlich – die ließ ihn nicht los: nur als seine Frau war Lisa sicher.

Es war eine elende Behausung für ein junges Paar, eine einzige Stube – die Kranke würde sich mit der kleinen Maria nebenan in die Kammer zurückziehen – aber der Bräutigam wäre auch bereit gewesen, mit der Kammer vorliebzunehmen. Nun hatte er die Stube hübsch neu tapezieren lassen, und er selber strich und malte und besserte und weißte die verräucherte Küche und tat alles mit einer Sorgfalt und Hingabe, die Lisa tief rührte. Sie selber hatte nicht viel Zeit für Vorbereitungen, es war sehr viel im Hotel zu tun, die Offiziere der Besatzung ließen jetzt ihre Familien hinkommen; es war wunderschön an der Mosel.

Auch heute war Lisa beeilt, es war ihr schon spät geworden, und zur Abendtafel mußte sie wieder zurück sein.

Die kleine Maria begleitete die Schwester. Sie war glücklich, mit der Großen zu gehen; ihr, ihr ganz allein gehörte nun die Lisa. Munter schwatzend hing sie der am Arm. Was meinte Lisa dazu, wenn sie nun bald Servierfräulein werden würde im Hotel? Zur ersten heiligen Kommunion war sie ja schon »weißen Sonntag« gegangen. Wenn sie nur ein längeres Kleid hätte, dann sähe sie ganz wie eine Große aus. Das Haar dürfte sie dann freilich nicht mehr so in Zöpfen hängen lassen – wollte Lisa nicht mal so gut sein und sie ihr zum Krönchen aufstecken? »Ach ja, zur Hochzeit schon! Gelt, Lisa?« Sie nestelte sich fester an die Schwester an. Für sie war der Hochzeitstag ein großes Ereignis, der Braut konnte er kein größeres sein.

Seit Nächten konnte Maria vor erwartungsvoller Freude nicht so fest wie sonst schlafen. Heut nacht war sie aus der Kammer, wohin sie mit der Mutter übergesiedelt war, geschlichen und war zur Schwester, die bereits in der Hochzeitsstube schlief, hinübergelaufen. Auch Lisa schlief nicht. Die Hände hinterm Kopf verschränkt, lag sie und wachte. Aber es war ein glückseliges Wachen. Je näher der Tag der Hochzeit kam, desto mehr liebte sie ihn – er war ja so gut, sie bekam einen Mann, der alles tun würde, was er ihr an den Augen absehen konnte – und ihr Blut war heiß geworden bei den Hochzeitsvorbereitungen.

Die Jüngere an sich gepreßt haltend, sprach die Ältere von ihrem Heinrich, und wie sie sich das Leben mit ihm dachte. Sehr schön. Sie war ja so rasch und er so ruhig, das tat gut zusammen. Die Kinder würden von ihnen beiden was mitkriegen und wohl geraten. Die Augen halb geschlossen, verträumt lächelnd, flüsterte die Braut, und die Kleine lauschte. Sie folgte der Schwester in die Ehe hinein. Wenn die Lisa dann das kleine Mädchen hatte, das sie sich wünschte, oder einen Jungen, dann konnte die doch nicht mehr Servierfräulein sein, dann war sie, die Maria, an der Reihe, sie nahm dann die Stelle ein. Des Kindes höchster Begriff von Seligkeit war es, in schwarzem Rock und weißer Bluse, sorgfältig frisiert, im Hotel die Gäste zu bedienen.

Während die Ältere sich hineinsann in ihre Ehe, in viele glückliche Tage und Nächte mit ihm, den sie liebend erwartete, spann die Jüngere sich auch ein in ein Gespinst von goldenen Glücksfäden. Was war sie doch für ein hübsches Servierfräulein – und so tüchtig! Selbst die von der Besatzung, die Lisa nicht leiden konnte, waren nett und höflich zu ihr. Und sie verdiente so viel durch das reichliche Trinkgeld, daß sie der Mutter ein neues Bett kaufen konnte, auf dem die mit ihren schmerzenden Gliedern besser lag als auf der alten Matratze, die in der Mitte tief eingesunken war. Und kleiden würde sie sich nobel! Ein Kostüm, Seidenbluse, Jakett und einen Hut von der feinen Putzmacherin aus Trier. Und wenn sie sich verheiratete, da hatte sie nicht eine Stube nur, nein, ein ganzes Haus, weiß mit grünen Fensterläden; aber die Mutter und Lisa und ihr Mann sollten auch mit darin wohnen. Ohne die war's ja nicht schön. Und das Kind umschlang der Schwester Hals mit beiden Armen und küßte sie vielmals. Sich so eng umschlungen haltend, waren sie übers vertraulichglückliche Schwatzen endlich eingeschlafen.

Auch jetzt sprachen sie nichts anderes. Kaum daß des Kindes Blick die roten Kirschen am Wegrand streifte. Sie gingen die Straße, die dicht längs der Mosel führt. Fluß, Obstbäume, Straße und dann steilan die Weinberge. Die waren jetzt grün, aber noch nicht so dicht wie später im Sommer, wenn die Reben sich so ineinanderranken, daß sie kaum Regen durchlassen auf den glimmernden Schotter. Es waren immer noch zarte Blätter und Triebe, die zwischen den geraden Reihen jeden Hemdärmel durchschimmern lassen und jedes Kopftuch der darin Arbeitenden.

Jetzt war niemand im Weinberg, auch die Straße war leer. Bald kam die Brücke, über die von drüben her die Eisenbahn braust und dann diesseits verschwindet im schwarzen Loch des Tunnels unter dem Weinberg.

Lisa war müde, auch Maria wurde langsamer, sie hatten zu wenig geschlafen diese Nacht. Lisa fühlte es wie eine Zerschlagenheit in allen Gliedern, aber es war eine selige Zerschlagenheit – noch heute die Nacht und morgen die Nacht, und dann war er ja da, der Tag ihrer Hochzeit!

Um neun Uhr aufs Standesamt und dann zur Kirche. Wie die Glocke so festlich läutete! Am Gasthof vorbei, von dessen Veranda die Gäste neugierig spähten, und die Frau Wirtin mit ihrem Taschentuch winkte, zog die kleine Schar der Gäste; alle Freunde von Heinrich, und Settchen und Kathrina und Christina in neuen Kleidern. Jetzt ging's am Denkmal vorüber, das die Gemeinde errichtet hatte für ihre im Krieg Gefallenen. Der ruhende Löwe mit dem trauernden Blick, die Pranken schützend über dem Lorbeerkranz, der die zerbrochene Fahne umwindet, bekam heute keinen Blick des Gedenkens. Man las auch nicht wie sonst wohl die Tafel mit den Namen der Helden, die eingemeißelt stehen, die Buchstaben hell vergoldet. Man eilte heute, erwartungsvoll des eigenen Glücks, die Treppe zur Kirche hinan. Die Pforte stand schon offen, es tönte herrlich die Orgel – die Braut fuhr plötzlich auf.

»Ich streu' dir Blumen,« hatte gerade die Maria gesagt. »Ich und die Fina von uns nebenan. Sie hat auch wie ich 'n weiß' Kleid. Wir haben uns alles schon abgesprochen. Aus 'm Hotel die Wirtin, die bind't uns jeder en Körbchen um, Rosen sind drin und Jasmin und noch anderes, was recht gut riecht – alle Blumen streuen wir vor dir her. So gehen wir bis hin zum Altar, und da stellen wir uns auf, rechts und links. Oh, ich kann's nicht erwarten!« Sie lachte im höchsten Glück.

Auch Lisa lächelte glücklich. Zärtlich streichelte sie über die blonden Haare. So dunkel wie ihr Haar, so hell war das der Schwester, fast silbrig flimmerte es. In den Zöpfen, die halb aufgegangen waren, spielte der Wind und ließ die Fäden sonnenhell wehen. Man sah es weithin leuchten.

»Du lieb Kind,« sagte Lisa. Ihr Herz war übervoll. So ihres Glückes bewußt gewesen wie heute war sie noch nie. Jedes Wort, das die Schwester sprach, war ein eigener heimlicher Wunsch, der nun leibhaftig geworden. Ja, so hatte sie sich's geträumt, so wollte sie es haben: Blumen auf den Weg, weißgekleidete Kinder, Glockengeläut, und sie am Arm des Liebsten. Wie stattlich er aussah im schwarzen Rock, ein Myrtensträußchen im Knopfloch! Mit zittrigen Fingern hatte sie es ihm angesteckt, als er sie abholen kam zur Trauung. Noch war sie nicht ganz im Staat, noch saß sie vorm Tisch, der Spiegel, den man von der Wand genommen, stand angelehnt an ihrem Nähstein. Das bucklige Thereschen, die Näherin, konnte die Frisur immer noch nicht glatt genug kriegen, und den Schleier, den die Freundinnen geschenkt, noch nicht so schön in Falten bringen, daß er duftig sich um den Myrtenkranz bauschte und dann lang herabhing übers weiße Kleid. »Weiß sollst du gehen,« hatte der Heinrich gesagt; er wollte es so haben, nicht in Schwarz. In reinem Weiß mit dem Kranz von blühender Myrte. Nicht jede Braut, die vor den Altar tritt, trug den Kranz als Jungfrau, sie aber durfte es frei! Ein glücklicher Stolz schwellte die Brust der Braut, ihre Wange rötete sich tiefer, ihr Auge schimmerte feucht – und dann – und dann —! Ja, dann hingen sie den Kranz unter Glas über die Kommode, als schönste Erinnerung für das ganze Leben.

»Was denkst du, Lisa, du sagst ja gar nix?« Die Kleine stieß sie an, daß sie aufwachte aus ihrem Traum. »Lisa, da an der Brück' die zwei Posten, die gucken nach uns.«

»Laß sie doch.«

»Die winken!«

»Das geht uns nix an.«

Aber Maria flüsterte: »Die machen uns immerfort Zeichen!«

An der Brücke standen zwei Marokkaner, riesige Kerle. Ihre tiefdunklen Gesichter schimmerten blank in der Sonne. Jetzt verließen sie plötzlich ihren Posten – jetzt kamen sie von der Brücke herunter. Sie kamen den Mädchen entgegen. Näher, immer näher. Sie liefen fast.

Was wollten die? Lisa stutzte. Aber dann richtete sie sich auf: eine Belästigung würde sie sich schön verbitten.

»Laß uns doch lieber umdrehen,« flüsterte das Kind. Es hatte die rollenden Augäpfel im grellen Weiß gesehen. »Wir wollen weglaufen!«

»Dumm Zeug! Warum denn?« Die große Schwester faßte fester die Hand der kleineren, und dann gingen sie entschlossen weiter. Ach, nur ein paar Schritt noch, und sie waren an den beiden

Kerlen vorbei! Eine Viertelstunde nur noch, und sie waren im Dorf.

Lisa May war nicht furchtsam, aber jetzt war es ihr doch auf einmal, als wäre es gut, wenn noch andre Leute des Weges kämen. Sie sah umher: kein Mensch zu erblicken, auf der Straße nicht und nicht im Weinberg. Ruhig die Mosel, ganz einsam, kein Ruderschlag auf dem Wasser. Kein Ruf, kein Pfiff. Sie lauschte: auch kein Räderknarren, sonst kamen doch so oft Ochsenfuhren gekarrt.

»Ich hab' aber Angst!« Weinerlich wimmerte es Maria. Der eine hatte ihr grinsend die Zähne gezeigt.

Die Augen der Marokkaner funkelten nach dem seidigen Blond, nach den blühenden Mädchenleibern. Die hellen Kleider der Schwestern hatten sie angelockt – jetzt lockte sie mehr.

»Guck nit hin, nur rasch vorbei,« flüsterte Lisa. Das war ihr klar, zurück ging sie aber nicht mit dem Kind allein, das war doch zu unangenehm. Sie würde gleich telephonieren im Dorf, dann kam man ihnen von daheim entgegen – der Heinrich! Es durchzuckte sie: wenn der das jetzt wüßte! Das Herz stand ihr plötzlich still, ihr tapferes Herz. Das war doch ein Schreck – eisig lief's ihr durch den Körper – der eine hatte eben etwas gesagt. Gierig streckte er nach der Blonden die langgefingerte dunkle Hand aus.

Das Kind schrie auf; dünn wie ein Schwalbenschrei schrillte das Stimmchen.

»Maria, lauf!« Aber es klammerte sich an die Schwester, gelähmt vor Schreck.

»Lauf, was du kannst!« Lisa riß die sich anklammernden Hände los: »Lauf, lauf!« Sie selber stellte sich in den Weg.

Und nun rannte die Geängstigte. Ihr Röckchen flog, man sah die schlanken Beine, die weißen Knie. O Gott im Himmel, was fiel der Maria ein, die rannte ja nicht dem Dorf zu, die rannte hinauf in den Weinberg!

Von einer Angst gepeitscht, die, ohne daß sie den wahren Grund ahnte, sie überfallen hatte – das Kind in ihr fürchtete nur die fletschenden Zähne – rannte sinnlos die junge Maria. Die bebenden Füße flüchteten über den prasselnden Schotter, immer höher hinauf, immer tiefer hinein zwischen die ragenden Stökke. Der Berg war bewehrt, aber noch schützte er nicht. Noch gab es kein völliges Verbergen zwischen den Reben. Hell schimmerte das flatternde Röckchen – jetzt hier – das blonde Haar, da – dort! Mit schwingenden Sätzen war eine behende Gestalt immer dahinter her.

Jesus, hilf! Das war kein Spaß mehr, auch kein boshaftes Erschreckenwollen, das war eine Jagd, furchtbar, eine Jagd, die um mehr ging als um das Leben. Lisa war das Entsetzliche klar. Einen einzigen Schrei stieß sie aus, ach, einen zu kurzen, viel zu kurzen! Er reichte nicht hin bis zum Dorf, nicht zu Heinrich Feiten, zu keinem Retter.

Es half ihr nichts, daß sie versuchte, dem Marokkaner den Weg zu verstellen. Nun stürzte auch sie in den Weinberg. Hinauf, hinauf, der Maria nach, sie mußte bei der sein!

Die Arme des Zweiten, der sie zu halten suchte, hatte Lisa kräftig zurückgestoßen. Ihr Kleid, daran der Verfolger sie jetzt festhalten wollte, entriß sie ihm, es hing in Fetzen. – – –

Das war eine schwerere Jagd als jene, die sich abspielte weiter oben im Weinberg. Die Jüngere war schon erreicht, festgehalten, niedergeworfen, da kämpfte die Ältere noch.

Man hatte die Schwestern zusammen begraben, zwei schmale Särge in einem Grab, dicht nebeneinander. Was von Mitgefühl sich zeigen konnte, das hatte sich hier gezeigt. Viel Tränen flossen; nicht nur von denen wurden sie vergossen, die Lisa May und die kleine Maria gekannt hatten, es weinten Fremde. Sie lasen in den Zeitungen von dem furchtbaren Geschehnis; für Tage, für Wochen war eine Welt voll davon.

Im Weinberg hatte man zwei Schwestern gefunden, die eine kurz vor der Hochzeit, die andre noch halb ein Kind. Nicht weit voneinander lagen die Mädchen im Schieferschotter, die Kleider waren ihnen zu Fetzen zerrissen, trostlos, ihrer Scham beraubt, starrten die nackten Leiber und wiesen ihre blutigen Male dem Himmel.

Aber der Himmel blieb stumm, und von den Mördern verlautete nichts. Die Besatzungsbefehle wurden verschärft, niemand durfte ohne genauen Personalausweis die Straßen passieren; überall vermehrte Doppelposten, an Brücken, an Fähren, an Bahndämmen, Unterführungen und Tunnels. Ein paar Handwerksburschen wurden aufgegriffen und ins Kaschott geschleppt. Jedoch sie kamen nicht in Betracht, sie konnten nachweisen, daß sie am Tage des Mordes noch weit entfernt von hier gewesen waren.

Ungerächt schwebten die blutigen Schatten der ermordeten Mädchen allnächtlich über die Straße der andern Moselseite und schreckten auch tagsüber die Leute, die dort im Weinberg zu arbeiten hatten.

Heinrich Feiten war hinter dem Sarg seiner Braut gegangen wie ein Trunkener, der seine Schritte nicht mehr recht lenken kann. Man wußte nicht, wen man mehr bedauern sollte, ihn oder die Mutter der beiden Mädchen. Die arme Frau! Zwei Nachbarinnen faßten sie mitleidig unter, sie hatte sich aufgerafft, der Jammer um ihre Kinder hatte sie stark gemacht. Sie, die zur Hochzeit nicht hätte gehen können in die Kirche, zum Kirchhof ging sie jetzt. Nun konnte sie sich aber nicht rühren mehr, nun lag sie wieder. Viele nahmen sich ihrer an, aus dem Gasthof schickte man ihr das Essen, und sie lag, sauber gebettet in der schönen Stube, im Hochzeitsbett der Tochter. Bei ihr saß immer Besuch. Und der Geistliche kam auch oftmals. Er tröstete: im Himmel droben sah sie ja ihre Töchter wieder – schönen Engeln gleich an Gottes Thron.

»Wenn es nur nit so lang mehr dauert, wenn ich nur bald bei sie kommen,« seufzte das Weib, »ich verlangen so!«

Heinrich Feiten blieb stumm, bei dem geistlichen Zuspruch, wie bei allen andern tröstenden Reden. Er hatte nur ein schwermütiges Kopfnicken. Weinen hatte ihn niemand gesehen, er hatte sich auch nicht laut gebärdet in seinem ersten Schmerz. Nur sein Rufen »Lisa, Lisa«, als er beim Suchen nach ihr rannte, rannte, hallte allen, die es gehört, noch schauerlich in den Ohren. Im Weinberg war ein Echo erwacht, jenseits der Mosel hallte auch eines – überall, überall: »Lisa, Lisa!« –

Am Denkmal der gefallenen Helden vorüber, das auf dem kleinen Platz vor dem Eingang zum Friedhof steht, ging der Mann täglich zum Grabe seiner Braut. Die Kinder, die dort spielten, standen scheu.

Settchen fing an zu weinen, als sie ihm da einmal begegnete, und gab ihm die Hand: »Heinrich, um Gottes willen, wie siehst du aus! Kannst du dich gar nit e bißche trösten? Uns lieb Lisa is doch nu im Himmel, der is et jetzt wohl!«

»Wer sagt dir das?«

»O doch, doch,« eiferte das gutmütige Ding. »Wie kannst du da nur an zweifeln!«

»Ich hab sie besser gekannt als ihr,« murmelte er finster. »Sie hat nit Ruh, dat die noch herumgehn – die!«

Er ballte die Fäuste, sein Gesicht bekam einen Ausdruck, vor dem das Settchen erschrak.

»Beruhig dich doch!« Sie legte ihm die Hand auf den verstaubten Ärmel. War denn gar keiner da, der nach dem armen Mann sah? Wie war er heruntergekommen, auch in der Kleidung! Die Ellbogen durchgescheuert, die Hose ausgefranst, der Hut eingebeult, seit ewig nicht mehr gebürstet. Sie hätte sich herzlich gern seiner angenommen.

Er sah sie an mit einem kurzen Aufblicken aus schwerbeschatteten düsteren Augen, dann senkte er wieder den Kopf. Wie in sich hinein, wie ganz nur zu sich selber sprach er: »Nit einer von ihnen dürft mehr leben.« Er streckte den Finger aus, er wies anklagend, drohend: »O ihr, ihr!«

»Jesus, Heinrich, kennst du den Mörder? Ja?«

Er nickte.

»Sag, wer is et denn?«

»Alle! Sie alle!« Und dann todestraurig: »Aber ich kann, ich darf nit. Und das ist zu schwer, das ertrag ich nit.«

Sie verstand ihn nicht. Betroffen blieb sie stehen und sah ihm noch nach, als er längst weitergegangen war. Sie mußte es doch dem Wilhelm sagen und auch den andern, daß sie ihn nicht so viel allein ließen, das tat ihm nicht gut. —

Am Grabe von Lisa May stand der Mann und starrte finster auf den Hügel, immer auf einen Fleck. Das Settchen hatte recht,

Heinrich Feiten war merkwürdig geworden, das mußte allen so erscheinen. Er fühlte es auch selber, daß er ausgetauscht war, sich verkehrt hatte in einen andern Menschen. Er, der Fleißige, hatte nicht Lust zur Arbeit mehr; was er tat, tat er nur noch mechanisch aus einem Pflichtgefühl heraus, dessen einer, der das sein Lebtag gehabt, nicht gänzlich ledig werden kann auf einmal. Ihm war es gleichgültig, ob die Sonne heiß schien, und der Sommer den Reben so günstig war, daß die Winzer sich einen guten Herbst erhoffen durften. Gleichgültig war ihm, ob er zu essen hatte oder nicht. Er versäumte die Mahlzeiten; die Frau, bei der er wohnte, bereitete sie oftmals vergebens für ihn. Er kam nicht nach Haus. Aber auch in keiner Wirtschaft saß er. Die Freunde sahen ihn nicht mehr. Er vermied sie; es hetzte ihn etwas, daß er einsame Wege einschlagen mußte, auf denen ihm niemand begegnete. Am liebsten lief er ohne Weg quer durch Gestrüpp und Dorn. Sah er unten im Ort von weitem nur die verhaßte Uniform, so bog er schnell in die Nebengasse; da ging er eilig mit zugekniffenen Augen und machte sie erst wieder auf, wenn die Gefahr, die Verhaßten zu sehen, nicht mehr zu fürchten war. Durch alle Weinberge strich er; noch waren sie nicht geschlossen, die Trauben noch nicht im Wein. Darin Arbeitende sahen ihn zwischen den Rebstöcken plötzlich auftauchen und schnell wieder verschwinden. Was machte er da? Sie wunderten sich, daß sie ihn so oft gerade in dem Weinberg auf der andern Moselseite erblickten, darin seine Braut so schrecklich zu Tode gekommen war. Daß er den Ort nicht scheute!

Heinrich Feiten lag stundenlang, tagelang hier auf dem Schotter, zwischen den Reben ganz verborgen; die waren so dicht jetzt, die schützten vor Blicken. Wie durch ein Guckloch sah man in einem kleinen Ausschnitt drüben, jenseits der Mosel, den Heimatort, durch dessen Gassen Lisa gegangen war mit leichtem Tritt – da schwamm die Fähre, auf der sie und Maria sich hatten übersetzen lassen an jenem Tag, hierher, hier dicht unterm Weinberg auf die verfluchte Straße! Drüben lag auch der Forsthof, das weiße Haus überm Rebenhang grüßte vom dunklen Waldrand. Eine flüchtige Erinnerung nur schoß dem Unglücklichen durch den Kopf: dort waren sie im ersten Frühling einmal gewesen, und Lisa hatte gesagt: »An unserm Hochzeitstag wollen wir wieder hier heraufgehen, ganz allein, nur du und ich!« – ach, das war jetzt alles vorbei und vergessen! Es zog ihn dort nichts mehr hinauf. Drüben stand keine Lisa mehr und blickte vom Fenster des Saales hinunter ins dämmernde Flußtal mit den blühenden Bäumen. Hier, hier war die Straße, heiß und verstaubt, bei der ewig sein Denken jetzt weilte – hier waren sie zum Dorf gegangen! Er hörte Lisas Stimme ganz deutlich, sie sprach mit der Maria. »Trapp, trapp« machten beider Füße auf der harten Chaussee. Und da war die Brücke, bei der die Posten standen, zwei Mann, scharf umrissen hoben sich die großen Gestalten ab in der hellen Luft. Leises Weinen stieg auf aus dem Schotter, jammernde Stimmen – es klagten zwei: Lisa, Maria! Ha, jetzt ein Schrei, den Weinberg durchgellend: »Hilfe, Hilfe!«

Ein wildes Zittern schüttelt des Mannes Glieder, es wirft sie ihm durcheinander, als hätte er nicht Halt mehr noch Kraft. Ein roter Nebel dunstet auf vor des Schlotternden Blick – Blut, Blut. Er keucht, er knirscht mit den Zähnen, seine Hände krallen sich in den Schotter, sie graben, sie wühlen – hier hat er gestern eine Waffe versteckt, er findet sie – nein, geschändete Leiber sind es – Blut, Blut! Er stöhnt, er weint, er flucht, er verdürstet nach Rache.

Wie eine Schlange kriecht der Mann auf dem Bauch, den Revolver schiebt er vor sich her, den geladenen Revolver. Er windet sich durch zwischen den Weinstöcken. Nun liegt er hinter der untersten Reihe, nahe, ganz nahe der Straße und doch nicht bemerkt hinter der dichten Rebenwand. Hier kommen sie entlang, hier müssen sie vorbei, wenn sie abziehen vom Posten! Ein Schuß und noch ein Schuß – Heinrich Feiten weiß, daß er trifft.

Er lauert: wenn sie jetzt kämen!

Auf dem kleinen Platz, nahe dem Eingang des Friedhofes, steht der trauernde Löwe. Das Kriegerdenkmal. Auf der Tafel in goldenen Lettern sind die Namen eingegraben: Söhne der Gemeinde, blühende Leben, Helden, gefallen auf dem Felde der Ehre.

Hier, auf Rufweite von dem Hügel, daran er tagtäglich gestanden hatte und seltsame Zwiesprache gehalten mit einer, die nun schon manche Woche im Grabe lag, saß eines Morgens Heinrich Feiten. Er hatte die ganze Nacht mit Lisa May gesprochen; es war ein stetes Fragen herab zu ihr und ein Lauschen auf ihre Antwort. In ihm war ein Ringen, ein schwerer Kampf; derselbe Kampf, den er jedesmal durchgefochten hatte, wenn er im Weinberg verborgen saß und lauerte auf die Mörder.

Jetzt war der Kampf durchgerungen, aller Zwiespalt in der Seele vorbei. Als er von ihrem Hügel ging, war er zerschlagen. Sein Gesicht war durchfurcht und sehr bleich, aber es war ruhig, die Verzweiflung daraus fortgewischt, der Blick ganz klar. Er ging den Mittelweg des Friedhofs hinaus, die Blumen, die den einfaßten, langten nach ihm und hingen sich taubeschwert um seine Füße. Auf den Stufen des Kriegerdenkmals setzte er sich nieder. Er war sehr müde. Aber vorerst schrieb er etwas auf, legte das Papier dann neben sich und beschwerte es mit einem Stein. – – – –

Die Frühnebel des ersten Herbstmorgens dampften über der Mosel und hingen, in silbernen Tropfen zusammenrinnend, an jedem Blatt in den Reben. Die Hähne krähten triumphierend der Sonne entgegen, die ihr Gesicht nur bleich erst hinter den Schleiern zeigte, als man Heinrich Feiten fand. Unter der Tafel, die in goldenen Lettern die Namen der Helden wies: auf dem Felde der Ehre gefallen. Er hatte sich in das Herz geschossen, gut gezielt, zu Tode getroffen. Und niedergeschrieben hatte er noch, was ihn in den Tod trieb:

»Die Mörder meiner Braut sind jene – alle. Ich muß zum Rächer werden, aber ich will nicht zum Mörder werden. Und weil ich fürchte, daß ich es doch würde eines Tages, darum gehe ich. Ich darf und will mein Volk nicht den Leiden der Vergeltung aussetzen. Gott wird mir verzeihen, und meine Heimat wird mich verstehen.

Heinrich Feiten.«

Brummelstein

erschienen in »Die heilige Einfalt«, 1910

Eigentlich hieß sie mit Vatersnamen ›Schwendlig‹; aber sie wurde nie so genannt. Es tat auch nicht not, man wußte ja, wer sie war: Eine, die im Armenhaus wohnte, eine, die der Gemeinde zur Last war und den Kindern ein Spott.

Wenn die Armenhäuslerin nach dem Gemeindewäldchen wankte, wo es ihr erlaubt war, sich Reisig zu sammeln, rannten Knaben und Mädchen hinter ihr drein. Die dreistesten hefteten sich ihr dicht an die Fersen; die niedergetretenen alten Männerschuhe, in denen sie langsam dahinschlorrte, traten sie ihr fast ab.

»Brummelstein, olau, Brummelstein, wanneh michste Huchzid?«

Das war ein Geschrei, ein Aufjuchzen, ein Zurückprallen, wenn das Weib sich dann plötzlich wandte.

»Brummelstein, wanneh –« weiter kamen die Frechsten nicht mehr.

Mit irren Augen sah das Weib sie an; ein verwirrtes Lachen zog den welken Mund breit, es hob die schmutzige Hand: »Morjen – foahren mir – nao der Kirch – Huchzid, Huchzid!« Und dann folgte ein Murmeln, ein Brummeln, von dem niemand etwas verstand.

Laut johlten die Kinder. Da war keiner, der ihnen das Lachen verbot.

Die verrückte Brummelstein schlorrte weiter, und wieder ertönte die Frage hinter ihr, und wieder kam die Antwort wie vorhin. Es war ein Hauptspaß. –

Stina hieß sie; sie war Christina getauft. Ihre Mutter hatte sie einstmals Steinchen genannt, später ward sie die Stein; jetzt kannte man nur die Brummelstein. Die Vorderzähne hatte sie verloren, sie konnte nicht gut beißen und auch nicht gut sprechen mehr.

Die Bettlerin war ein Ärgernis. Wenn die Bauern beim Essen saßen und draußen das Gebrummel anhub, das Brummen eines hungrigen Tieres, dann stand mancher Hausvater verdrossen auf und warf einen Knochen zum Abnagen aus der Stubentür oder ein Stück Speck, wenn das Brummeln noch kein Ende nahm.

Sie war eine Schande für die Gemeinde; man konnte sie nicht einmal in die Kirche lassen in ihren niedergetretenen Männerschuhen, in ihrem verlumpten Kleid, dem Regen und Schnee, Sommerbrand wie Winterschauer ein Braun gegeben hatten, so mißfarben wie ihr Angesicht, um das die ergrauten Haare in Strähnen hingen. Ihr Brummeln hätte zudem fromme Gebete gestört.

»En anner Klaad müßt se wohl emaol kriehn,« sprach der Armenpfleger bedenklich. »On e Paor Schohn!«

»Ü wat, se krieht'r jao geschenkt beim Bettele!«

So kam die Brummelstein nicht in die Kirche. Sie saß im Armenhaus, das war nicht mehr als zweimal so groß wie die Hundehütte beim Gräfer-Hannes. Ein Schemel und ein Tischchen, das auf drei Beinen stand, hatte gerade Platz darin, und beim winzigen Öfchen noch der raschelnde Laubsack mit der zerlumpten Decke.

Ein einziges Fensterchen hatte der dunkle Raum, aber im verwitterten Rahmen war keine Scheibe. Brummelstein war hastig hindurchgefahren, als draußen eines schrie: »Brummelstein, eweil kömmt hän! Huchzid, Huchzid!« Nun war das Glas noch nicht wieder eingesetzt; eine Scheibe ist teuer, man hatte mittlerweile das Loch mit Papier verklebt. Zugluft und Winterkälte pusteten ins Armenhaus und zur Erntezeit der glühende Odem des Sommers. Wenn es warm war, hockte sie auf dem Bänkchen vor der Armenhaustür; war es kalt, so kauerte sie im Winkel auf ihrer Lagerstatt, hatte die Knie hochgezogen und das Gesicht auf die Knie gelegt. So saß sie im Dunkeln. Ganz im Dunkeln. Denn auch in ihrer Seele war's Finsternis; sie wußte nicht einmal mehr, daß sie eine Tochter hatte.

Das Kind war vormals der Gemeinde auch noch zur Last gefallen; man hatte es der Mutter nehmen und in Pflege tun müssen –

drei Taler kostete das im Vierteljahr – denn die Mutter hätte es verhungern und verdursten lassen und im Unrat ersticken.

Vom Tage an, da die Marijusepp, die Hebamme, der Stein das Neugeborene in den Arm gelegt hatte, war die von Sinnen gekommen. Erst war's nicht gar so schlimm mit ihr gewesen, sie hatte nur immer still dagelegen mit großen Augen, und wenn mitleidige Frauen in sie drangen: »Stein, von wem hatt Ihr dann dat Könd, saot et doch, arm Dingen,« fing sie bitterlich zu weinen an und kehrte sich nach der Wand.

Es ging ein Geraune durchs Dorf, daß der Gräfer-Hannes, der reiche Bauernsohn, heimlich zur Stein gekommen sei. Der Gräfer-Hannes war ein Mädchenjäger, die Stein war hübsch - wer weiß, er hatte ihr die Ehe versprochen! Aber das Geraune war nie Gerede geworden, dazu war der alte Gräfer zu reich; und Hannes, der einzige Sohn, erbte einmal alles und würde auch einmal obenan sitzen im Gemeinderat, wie jetzt sein Vater.

Die Stein hatte den Vater ihres Kindes auch nicht genannt. Sie legte, als man mehr und mehr in sie drang, den Finger an die verblaßten Lippen, mit ängstlich-scheuen Blicken sah sie sich um: »St! Ech därf et nit saon. Wann ech et saon, heiraod hän mech net!«

Nun, wenn sie's denn nicht sagen wollte! Man gab sich zufrieden. Der Gräfer-Hannes konnte es doch wohl nicht gewesen sein, denn der ging, die Hände in den Hosentaschen, die Mütze schief gesetzt, pfeifend wie immer durchs Dorf. Und geheiratet hatte der ja auch jetzt, eines Weinbauern Tochter unten von der Mosel, die sehr reich war.

Es war ein Fest, als er mit seiner Junggetrauten ins Dorf einzog; die Jungens brannten Schwärmer ab, und der alte Gräfer ließ Korinthenwecken verteilen. Auch der Stein legte die Marijusepp einen Weck aufs Bett: vielleicht wollte sie mal probieren, er schmeckte lecker. Aber da hatte die junge Mutter plötzlich angefangen, Unverständliches zu murmeln, und dann hatte sie gelacht, gelacht, daß die Marijusepp eilends die Nachbarsfrau holen lief, so graute es ihr vor dem Lachen. –

Es war schlimmer mit der Stein geworden. Erst war sie wohl noch dann und wann nach dem Häuschen geschlichen, wo ihr

Kind in Pflege war, wenn sie die Leute auf dem Felde wußte. Blaß und verängstigt stand die dann an der Wiege, hob ab und zu die matte Hand, um dem schlummernden Säugling die Fliegen zu scheuchen, und fuhr entsetzt zusammen, wenn draußen jemand vorüberging oder im Winkel eine Maus kraspelte. Wie verloren, mit weiten, traurigen Augen starrte sie ihrem Kind ins Gesicht. Aber nach und nach schwand die Trauer aus ihren Blicken, sie wurden leer. Es war auch kein Verständnis darin, wenn die Kleine getrippelt kam, um sie zu besuchen.

Annakathrein lallte: »Mama« – sie lächelte nicht. Annakathrein wurde größer und sagte bittend: »Modder« – es rührte sie nicht. Die Stein achtete es nicht, wenn ihres Kindes Hand ein Sträußchen ihr in den Schoß legte, Kornblumen, oder im Lenz die ersten goldgelben Himmelsschlüssel. Ohne Regung saß sie da; nur, wenn fern ein Räderrollen sich auftat, ein Trappeln von Pferdehufen, ein Peitschenknallen und ein anfeuernder Kutscherruf, dann lauschte sie. Dann kam in ihr versteinertes Gesicht eine menschliche Unruhe. Dann fing sie an zu Murmeln, ihre Lippen bewegten sich hastig. Brummelstein hatte ihre eigene Sprache, die niemand verstand.

* * *

Am Tage ihrer ersten heiligen Kommunion weinte Annakathrein bitterlich.

Die Gemeinde hatte ihr das Kleid geschenkt, eine mildtätige Bäuerin ihr das weiße Kränzchen und den Schleier gestiftet. Die Frau, bei der sie in Pflege war, hatte ihr am Vorabend die Haare mit Zuckerwasser genetzt und in viele, viele kleine Zöpfchen geflochten, so daß sie ihr am Morgen wie eine wellige Mähne standen. Sie konnte geputzt gehen wie die anderen auch, aber doch trennte sie eine weite Kluft von den Genossinnen: Annakathrein war sich bewußt, der Brummelstein Tochter zu sein.

Am Nachmittag ging Annakathrein zum Armenhaus. Es war schon ein schöner Frühlingstag, viel Licht gab die Sonne, und weißen Wolken gleich rundeten sich blühende Schlehenbüsche an allen Wegrainen. Wie eine Braut ging Annakathrein, den weißen Kranz auf dem Kopf.

Aus dem Haus des Gräfer-Hannes, das, als stattlichstes des Dorfes, mit Schiefern anstatt mit Stroh gedeckt war und mit seinen Ställen und Scheunen die halbe Straßenseite einnahm, schauten ihr ein Paar Augen nach.

Im bequemen Stuhl am Fenster saß der Bauer, die Pfeife im Mund, und hielt seinen Mittagsschlaf; die hurtigen Schritte der Mädchenfüße, die so fest zutraten, obgleich sie noch in Kinderschuhen steckten, hatten ihn aufgeweckt. Wer ging da? Aha, das Mädchen von der Brummelstein! Ein hübsches Mädchen! Er möchte sie wohl in Dienst nehmen; zum Kleinvieh taugte sie schon.

Hinterm halb vorgelegten Laden schielte er ihr nach. Wie gerade sie sich hielt – sie hatte seinen aufrechten Gang! »Kotzdonner, nä!«

Er hatte sich ein wenig vom Sitz gehoben und den Oberkörper vorgestreckt; nun ließ er sich mit einem Plumps wieder zurückfallen. Nein, er nahm sie doch lieber nicht ins Haus! Am besten war's, die kam auswärts in einen Dienst. Morgen schon würde er mit ihrem Pfleger sprechen. Es war Zeit, daß sie der Gemeinde von der Tasche kam!

Und denselben Wunsch hatte Annakathrein. Sie stand vor der Mutter und sagte: »Tag, Modder!«

Keine Antwort.

»Modder, kuck mech doch emaol an! Sein ech net nobel? Och, kuck doch!«

Was in Annakathreins Augen brannte, war nicht der Wunsch, die Mutter möchte ihr Kleid bewundern, es staunend betrachten. Nein, ansehen sollte die ihr Kind, merken, daß heute ein wichtiger Tag war, der Tag, der das Annakathrinchen zur Annakathrein machte!

Aber wenn sie auch der Mutter Hand nahm und die am neuen Kleid auf und ab führte, die mageren Finger blieben kalt, fühllos. Ob's der alltägliche armselige Blaudruckrock war oder das festtägliche Kleid der ersten heiligen Kommunion, für die Brummelstein war das ganz gleich.

Mit einer verzweifelten Gebärde stampfte das Mädchen auf. »Modder, Modder!« Wie ein Angstschrei gellte der Ruf. »Modder, kuck net esu! Net daohin, net alleweil daohin!« Das Mädchen verstellte der Blöden den Blick auf den öden Anger, der das Armenhaus vom übrigen Dorfe schied. »Mich sollste ankukken, mich! Och, kuck mich an, ein einzigmaol an!«

Annakathrein rüttelte ihre Mutter. Wie eine leere Hülle im Lufthauch weht, so schwankte der schwache Körper willenlos hin und her unter der jungen Kraft der Tochter. Horch, sagte sie jetzt was?! Begierig lauschend beugte sich Annakathrein näher zu ihr; aber entsetzt fuhr sie zurück – nur unverständliches Gebrummel:

Annakathrein ließ die Schultern der Mutter fahren, und Tränen, die nichts von Kindertränen mehr hatten, rannen ihr dabei über die erblaßten Wangen – ihre Mutter, ihre Mutter, warum war die so?! Sie ballte die kleinen Fäuste.

Daß die Brummelstein nicht immer so verrückt gewesen war, hatten der Annakathrein die Weiber erzählt, und sie hatte sich's gern erzählen lassen; es war ihr doch wie ein Trost, daß ihre Mutter auch einmal ein Mädchen gewesen war wie andere: hübsch und lustig, fleißig und sauber. Es war kein Tadel an ihr gewesen, bis auf einmal – da stockte jedesmal die Erzählung.

Jetzt begehrte Annakathrein nichts mehr von der Mutter Jugend zu hören; es litt sie nicht mehr im Dorf. Die Mutter fragte ja doch nicht nach ihr, die würde es nicht einmal merken, wenn sie sie nicht mehr besuchen kam. Und ihr selber blieb auch etwas Bitteres erspart, wenn sie nicht mehr hin mußte.

Annakathrein war ernsthaft geworden, fast finster guckten ihre braunen Augen unter den dichten schwarzen Brauen. Als der Armenpfleger sie kommen ließ: es sei im Gemeinderat nun beschlossen worden, daß sie fort sollte aus dem Dorf, der Gräfer-Hannes wisse eine gute Stelle für sie als Kindermagd unten an der Mosel – eine Verwandte seiner Frau hatte sich verheiratet nach der Stadt Trier – da lächelte sie ein Lächeln, das ihrem runden Gesicht für Augenblicke alle Kindlichkeit nahm. Wie eine Erwachsene stand sie vorm Armenpfleger. Gewiß, sie wollte gern fort. Und wohin, das war ihr ganz gleich!

»Äwer wann Dau nau et Heimweh kriehst,« sagte der alte Bauer und sah sie bedenklich an. Er selber war nie vom Dorf fortgekommen, und die hier war so jung – vierzehn Jahr eben – und traute sich so weit weg?!

»Ech kriehn kein Heimweh.« Sie setzte die Zähne aufeinander.

Da stieg etwas wie Bewunderung in dem Alten auf; er schenkte ihr einen Taler.

Auch der übrige Gemeinderat schenkte etwas: Sie bekam ein Gedruckskleid, drei Hemden, drei Paar Strümpfe, drei Schürzen, ein Paar derbe Lederschuh und ein Umschlagetuch. Der Gräfer-Hannes tat noch ein übriges: er legte das Reisegeld auf den Tisch. Und sein Knecht sollte sie hinunterfahren bis nach Alf an der Mosel, da konnte sie dann einsteigen in die Eisenbahn.

Annakathrein fing fast an, sich zu freuen. Wenn sie daran dachte, daß sie nun so weit, weit weg kam und zu Leuten, die ihre Mutter nicht kannten, zu Kindern, die nicht schrien: ›Brummelstein!‹, wollte es sich ihr wie eine Last von der Brust heben. Sie atmete auf. Ganz wohlgemut bestieg sie an einem heiteren Tag das Gefährt des Gräfer-Hannes; sie fühlte sich nicht wenig gehoben, von des reichen Bauern Rossen gezogen zu werden. Ein kindlicher Stolz machte ihre Blicke leuchten, wichtig nahm sie vorn beim Knecht auf dem Strohsitz Platz. Die Peitsche knallte, die Pferde warfen die schweren Hufe, wie schöne Musik klang ihr das harte Geklapper auf der steinigen Straße.

Aber als das Dorf, das ganze Dorf ihren Blicken entschwunden war, als sie nichts hinter sich sah als eine Wolke goldigen Staubes, als die Sonne oben blieb auf dem freien beschienenen Hochland und die Chaussee, die sich hinab zum Moseltal windet, im Schatten der Abhänge düsterte, da kroch auch über ihre Freude ein Schatten hin. Das Herz krampfte sich ihr plötzlich zusammen – allein, ganz allein blieb nun die Frau da oben im Armenhaus!

Immer tiefer, immer tiefer kamen sie schnell hinab, die Pferde liefen wacker. Ein zittriges Atmen hob Annakathreins Brust: kam sie so geschwind auch wieder hinauf? Wann sah sie jene wieder?!

Sie preßte die Augen zu, um zu verhindern, daß die Tränen anfingen zu tropfen; sie gab nicht mehr Antwort auf des Knechts Geschwätz.

Der sah sie verstohlen von der Seite an: so en jung Mädche! No, die würde schön heulen!

* * *

Aber Annakathrein weinte nicht. Es gab so vieles in der Stadt zu sehen, zu bestaunen und so viel zu lernen. Aufpassen mußte sie mit Augen und Ohren, mit Händen und Füßen, mit allen Sinnen. Und sie paßte auf. Abends war sie so müde von all dem Aufpassen, daß sie gleich fest einschlief. An die Heimat zu denken und an jene, die dort einsam geblieben war, hatte sie gar nicht Zeit.

Was waren das für hohe Häuser in den Straßen, die nicht alle breit waren im alten Trier, viele längst nicht so breit wie die Dorfstraße daheim; aber zehnmal soviel Menschen liefen darüber hin!

An Markttagen, wenn die Bauern in ihren blauen Kitteln in die Stadt strömten, um ihre Eier, ihre Butter, ihr Geflügel zu verhandeln, und die Käufer, die Hausfrauen und Dienstmägde, ab und zu liefen, geriet Annakathrein völlig außer sich. Ihre Herrschaft hatte ein Warenhaus gerade an der belebtesten Marktecke, da stand die Kindermagd oben im zweiten Stock am geöffneten Fenster, ein Kind auf dem Arm, und blickte mit großen Augen hinab.

So viele Menschen, so viele Menschen! Sie hatte ja noch gar nicht gewußt, daß es so viele Menschen auf der Welt gab. Sie beugte sich weit über, hätte ihre Frau das gesehen, die hätte laut aufgeschrien vor Schreck; aber sie ließ das Kind dabei doch nicht fallen, sie hielt es bedachtsam mit beiden Armen fest.

»Ein ganz gescheites Mädchen,« sagte der Hausherr. Und die Madam gab dem Gräfer-Hannes, der sich einmal im Namen der Gemeinde nach Annakathrein erkundigte, die gute Auskunft: das Mädchen sei gelehrig und willig, es würde sich schon machen mit ihr. Da war die Gemeinde befriedigt, der Gräfer-Hannes erkundigte sich nicht mehr. –

Annakathrein war jetzt ganz allein auf sich selber angewiesen. Da war keiner, der nach ihr fragte, und auch keiner, der ihr etwas schickte. Zu den drei Hemden, den drei Paar Strümpfen und den drei Schürzen mußte sie sich jetzt noch andere schaffen; die Lederschuh, die sie mitgekriegt hatte, waren auch längst zerrissen, das Umschlagtuch war fadenscheinig geworden, und vor allem das Blaudruckkleid viel zu eng. Sie hatte sich mächtig gebreitet.

Manch wohlgefälliger Blick streifte das stattliche Mädchen, das, ein Kind auf dem Arm, rechts am Rock eines hängend und links eines, täglich in den Anlagen, die sich um die Stadt ziehen, auf und ab wanderte.

Aber Annakathrein bemerkte keinen dieser wohlgefälligen Blicke. Den Kopf gehoben, hielt sie ihre Augen geradeaus gerichtet; ohne zu blinzeln blickten sie fest. Sie rechnete immer: nun noch einen Monatslohn zugelegt, und sie konnte sich die neuen Hemden kaufen, die ihr so not taten! Vielleicht auch später einmal einen Hut – den ersten Hut! Sie hatte noch niemals einen besessen. Sommers wie Winters bestrich die Luft frei ihren braunen Scheitel; darum vielleicht war ihr Haar so dicht, so glänzend und voll, trotzdem eine pflegende Mutterhand es nie geglättet hatte.

Annakathrein zog die Stirn kraus; so jung sie war, es war doch schon eine Falte darauf; die ging auch gar nicht mehr weg. Annakathrein wußte nichts von ihr, wußte nicht, daß die da war seit dem Tage, an dem sie zur Mutter gelaufen war im festlichen Kleid mit Kränzchen und Schleier: »Modder, kuck mich doch an!« Damals war die Falte ein Fältchen gewesen, ein ganz zarter Strich in einer glatten Kinderstirn, jetzt war sie schon wie eingegraben. Annakathrein lachte selten; sie war nicht traurig, aber auch nicht lustig, sie war immer ernsthaft. Über ihre Jahre. Man hätte sie für mehr als zwanzig halten können, und sie war doch kaum achtzehn. – –

Vier Jahre war sie nun schon vom Heimatdorf fort. Jetzt hatte sie sich die Hemden und Strümpfe geschafft und die Kleider und Schuhe, die nötig waren, und bei der Putzmacherin in der Simeonsstraße hing ein Hut, der ihr wohl gefallen konnte.

Es war ein heller Tag, an dem Annakathrein mit den Kindern in den Anlagen schlenderte. Aber ihr Gesicht war nicht hell. Sie hatte zwei Sorgen, die sie schon seit ein paar Wochen mit sich herumtrug, die sie so gefangen nahmen, daß sie sogar nachts von ihnen träumte. Es paßte ihr nicht mehr, Kinder zu hüten. Sie wollte weiter. Und nun war ihr eine Stelle angeboten in einem Gasthof; zwar nur als Spülmädchen in der Küche, aber wer weiß, sie konnte der Köchin, dem Koch etwas abgucken, lernen – o, sie wollte wohl aufpassen! – und dann konnte sie später selber als Köchin gehn. Das war doch etwas andres, als nur Kindermagd sein. Sollte sie's tun – sollte sie's nicht tun? Sie hatte es gut in der jetzigen Stelle. Wie auf der Wage wog Annakathrein die beiden Dienste; bald sank die eine Schale tiefer, bald war die andere gewichtiger. Ihre Stirn krauste sich.

Und dann die zweite Sorge: sollte sie den Hut in der Simeonsstraße, der ihr so wohlgefiel, kaufen – oder sollte sie nicht? Er würde sie kleiden. Aber er kostete Geld. Und war das so viel Geld wert, daß man hübscher aussah? Pah – sie warf den Kopf in den Nacken – wem sie so, ohne den Hut, nicht gefiel, der brauchte sie nicht anzugucken; nein, sie kaufte den Hut nicht! Er war unnötig.

Sparen, sparen, daß man auf die alten Tage was zu verzehren hatte, daß man, wenn man es einmal nötig hatte, wenn man vielleicht krank wurde, nicht herumgestoßen wurde unter den Leuten, niemandem zur Last fiel und den Kindern ein Spott ward! Es regte sich wie Grauen in ihrem Herzen. Sie preßte die Augen zu, Schweiß trat ihr auf die Stirn: das nur nicht sehen, was da wie hinter einem dicken Nebel sich regte! Annakathrein kniff die blühenden Lippen ein, daß sie schmaler erschienen, blutleerer als sie eigentlich waren.

Auf einer einsamen Bank nahm sie mit dem kleinsten Kind Platz, die größeren Kinder hieß sie an den Sandkasten laufen. Hinter den blühenden Büschen, wo niemand sie sah, wo nichts zu hören war als das leise Piepen brütender Vögel, knöpfte sie ihr Kleid auf und zog ein Beutelchen hervor. Sie hatte es sich genäht aus einem alten Lederflecken, und jedesmal, wenn das Schächtelchen in ihrer Kiste voll Silbergeld war, wechselte sie das um in ein Goldstück und tat es dann in den Lederbeutel. Sie trug ihren Schatz am Halse, Tag und Nacht. Er ruhte nachts auf ihrer weißen Brust, und am Tage, mitten bei der Arbeit, fuhr sie oft mit der Hand danach.

Jetzt, mitten in der Blütenpracht des Mai, saß das junge Mädchen auf der Bank und zählte Geld. Blaue und weiße Fliederdolden an alten, dichten Büschen neigten eine Fülle von Blüten herab, ein wundervoller Rotdorn reckte sich gerade der Bank gegenüber und badete seine Sträuße im goldenen Sonnenlicht. Alles war voll Duft, voll Frische, voll jubelnder Schönheit – sie zählte, zählte. Es war bald zu Ende gezählt; viele Goldstücke waren's noch nicht, sie hatte zu vieles sich anschaffen müssen, und der Lohn einer Kindermagd ist nur gering. Sechzig Mark, das war alles, was sie sich hatte ersparen können in den vier Jahren. Aber nun wurde es anders, nun hatte sie Wäsche und Kleider genug, jetzt konnte sie sparen – sparen!

In ihren Augen leuchtete es auf, sie zählte die Goldstücke noch einmal; wie ein Geizhals ließ sie sie durch die Finger gleiten, und dann hielt sie ein Stück nach dem andern an ihre dralle Wange und fühlte liebkosend die Wärme des blanken Metalls, das warm war von ihrer Brust, an der es so fest gelegen hatte. Ein Wohlgefühl durchrieselte sie: wenn nur immer noch mehr dazu kam, immer mehr?! Sie malte es sich aus, wie sie dann zählen würde. Es nahm gar kein Ende, der Geldstücke waren so viele! Dann brauchte sie nicht mehr bange zu sein, wenn sie einmal alt oder krank war – – – sie schrak auf.

Was war das? Das Kind neben ihr schlief, von Mailuft und Sonne ermüdet, von Langerweile eingeschläfert, das lallte nicht. Träumte sie oder war sie wach? Horch, da war ein Gemurmel, das sie kannte! Ein unverständliches, unverständiges Geplapper.

Hastig barg Annakathrein ihre Goldstücke wieder an der Brust, sie sprang auf, sie stand mit weit geöffneten Augen: Jesus Maria, wer – wer?!

›Brummelstein! Brummelstein!‹ Sie hörte das plötzlich gellen. Das Blut schoß ihr jäh zu Kopf.

Da kamen die beiden größeren Kinder gesprungen. »Die is doll,« sagte der Junge und streckte den Finger aus voll grausamer Neugier, und das Mädchen schmiegte sich ängstlich an sie.

Annakathreins Blick folgte dem weisenden Finger. Drüben stand eine Bank, darauf zu führten sie jetzt eine. Der Hut saß der hinten im Genick, das blonde, an den Schläfen ergraute Haar war wohl frisiert, aber es hatte nicht Glanz noch Fülle. Und wie die lachte! O Jesus, wie die lachte!

Annakathrein stand erschrocken, die Kinder preßten sich an sie an. Sie hätte mit ihnen weglaufen, sich die Hände gegen die Ohren drücken mögen. Aber sie tat es nicht, sie blieb stehen und starrte hinüber mit entsetzten Augen.

Ein Herr und ein junges Mädchen waren bei der Frau. Sie nahmen alle drei auf der Bank drüben Platz. Eine Nachtigall schlug.

»Hörst du, Mutter?« fragte das Mädchen. »Den schönen Vogel! Hörst du ihn?«

Die Tochter bekam keine Antwort; teilnahmslos blickte die Mutter drein, in unruhiger Hast fingerten ihre gelbweißen Hände. Sie verzog den Mund, und dann murmelte sie in einem fort; sie hörte gar nicht mehr auf.

Aber die Tochter schmiegte ihr blühendes Gesicht an das verwirrte kranke, und der Vater sagte: »Laß sie jetzt nur, Kind, quäle unsere gute Mama nicht!«

Annakathrein stand zitternd: o, wie waren die liebevoll!

Die Kinder mit sich reißend, stürzte sie fort.

* * *

Von jetzt ab empfing die Gemeinde des Eifeldorfes alle paar Monat eine Geldanweisung aus Trier. Das eine Mal war's mehr, das andre Mal weniger, aber immer kam etwas. Das schickte die Tochter für die Mutter im Armenhaus mit dem Ersuchen, der dafür etwas zugute zu tun.

Eigentlich war es ganz unnütz, daß das Mädchen etwas schickte, die Verrückte empfand die Wohltat nicht mehr. Sonst hatte die Brummelstein doch noch wohlgefällig gebrummelt, wenn es einen Kaffee oder gar einen Wecken für sie gab, jetzt machte ihr selbst das keinen Eindruck mehr. Und wenn die Kinder hinter ihr drein kreischten: »Brummelstein, Brummelstein, wanneh michste Huchzid?«, dann drehte sie sich nicht einmal mehr um. Sie brummelte nur vor sich hin, während der Speichel ihr aus dem zahnlosen Munde floß; die gewohnte Antwort blieb aus. Mit der Brummelstein ging's wohl bald zu Ende, die war fällig wie ein Blatt im Herbst. Wenn sie nur schon von der Welt wär?! Wie ein Gespenst sah sie aus mit den hohlen Augen, mit dem Körper, der nur noch Haut wie Pergament und förmlich durchscheinende Knochen wies. Man begegnete ihr nicht gern. Sie war zum Vergrausen.

Niemand schrieb an die Tochter, wie es mit der Mutter stand; man wußte ja auch gar nicht mehr, wo das Mädchen war. Noch zu Trier, ja, der Schein der Geldanweisung wies das allemal aus – aber bei wem diente sie? Eine genaue Adresse gab sie nicht an. Da hätte man viel Mühe, sie zu suchen. – –

Annakathrein diente längst nicht mehr bei der Verwandten von des Gräfer-Hannes Frau. Sie war auch nicht das Spülmädchen mehr, das am Abwaschfaß stand in der Hotelküche. Der Wirt selber war auf sie aufmerksam geworden: so eine, die so intelligent und gewissenhaft war und dabei so gut aussah, war wohl zu gebrauchen in solch einem großen Gewese. Er stellte sie bald hier, bald dort an, immer war sie am Platze; er klopfte ihr die Schulter, wenn er mit ihr sprach, mitunter auch die Wange. Das übrige Gesinde fabelte schon davon, der Herr, der ein Witwer war, werde die Annakathrein noch einmal heiraten.

Sie selber träumte nicht einen solchen Traum; sie war hell wach und plagte sich nicht mit Träumen. Sie hatte nur einen Wunsch, eine Hoffnung: Ersparnisse machen. Es wurde ihr schwer; langsam nur mehrte sich ihr Schatz, ganz allmählich, denn wenn's auch nicht viel war, was sie der Mutter heimschickte, für sie war es doch viel. Aber wenn die Zeit kam, in der sie zu schicken pflegte, hatte sie schon immer eine mahnende Unruhe; sie wurde erst ruhig, wenn das Geld auf der Post war. Dann dachte sie daran, daß nun die Frau täglich Kaffee haben würde anstatt der Wassersuppe, und weichen Wecken dazu essen, den sie besser kauen konnte als das harte Brot. Und als ein sehr kalter Winter kam, kaufte sie für die Mutter dicke Strümpfe und legte noch einen Unterrock zu, einen besonders warmen, weichwollenen, den sie selber erst hatte geschenkt bekommen auf St. Nikolastag.

Sie fror es ja nicht; jetzt weniger noch als sonst. In ihrem Herzen war eine Flamme aufgebrannt, daran wärmte sie sich.

Er hieß Jakob Schommer, war Schmiedegeselle und wohnte beim Meister in der Nagelgass'. Wo sie sich kennen gelernt hatten? Das konnte sie nicht einmal so recht sagen; sie ging ja zu keinem Vergnügen.

Sie hatte an der Hotelseitentür, die nach einem dunklen Sträßchen hinaus ging, den armen Weibern und Kindern, die mit ihren Töpfen hier standen, um übrig gebliebene Suppe, Brocken, Knochen und Fleischreste sich abzuholen, das Gemengsel ausgeteilt; da war er mit seinem Handwerkszeug vorübergegangen. Zum ersten mal. Er sah sie, wie ihr blühendes Gesicht sich über der weißen Schürze noch blühender hob, wie ihre starke Linke den schweren Bottich so spielend hielt, wie hurtig sie mit der rechten schöpfte. Und sie gefiel ihm. Er kam öfter vorüber.

Aber daß er auch ihr gefallen hatte?! Es hatte sich ihr schon manch einer genähert, es war viel Mannspersonal im Hotel; sie hatte sich nie um einen gekümmert. Und der Schlossergeselle war weder groß noch schön, er hatte sogar ein wenig krumme Beine und einen wiegenden Gang; aber er hatte ein gutes Gesicht, eine herzliche Art und Augen, aus denen die Liebe lachte. Da fühlte sie ihr Eis schmelzen. Sie gestand ihm, daß auch sie ihn gern hätte, aber an Heiraten wäre noch nicht zu denken, denn – sie weinte plötzlich auf – ein Leben, das in Armut und Elend endete, das wollte sie nicht führen. Davor hatte sie zuviel Angst. Und diese Angst war noch größer als die Liebe, die sie zu ihm fühlte.

Nun, sie konnten ja warten; sie waren ja beide noch jung, er dreiundzwanzig, sie vierundzwanzig. Noch ein paar Jahre, dann hatte sie eine Aussteuer beisammen, und dann war er auch so gestellt, daß sie dran denken durften, einen Hausstand zu gründen. – – –

Sie hatten sich das Warten doch nicht so vorgestellt, wie es eigentlich war; nun warteten sie erst ein Jahr, aber es war ihnen zehnfach so lang geworden. Es war Frühling, alle Knospen sprangen auf, da hatte sie endlich einmal eingewilligt, mit ihm einen Ausflug zu machen. Aber viel Geld durfte das nicht kosten. Sie hatte erst gerade vorgestern für die Mutter heimgeschickt.

Es war Annakathrein ein Bedürfnis, jetzt, gerade jetzt, der Mutter öfter etwas zugute zu tun; ihr selber ging es ja jetzt so gut, so gut! So sparsam sie war – jetzt noch sparsamer als früher – für die, die verlassen im Armenhaus saß, mußte doch etwas übrig bleiben; jeden Ersten des Monats, immer wenn sie ihren Lohn auf die Sparkasse trug, tat sie für die Mutter beiseite.

»Wir dürfen net eso vill verduhn, wir müssen dat Geld beisammen halten, wir gebrauchen et nötig,« sagte Annakathrein und sah ihren Liebsten bittend dabei an. Lieber nicht den Ausflug machen, wenn das viel kostete!

Nein, das würde auch nicht viel kosten, fast gar nichts! Der Jakob wollte sie nur am Sonntag nach Ruwer führen, einem Dorf, das wie ein Vorort zur Stadt liegt, dicht am Fluß, so umgeben von alten, reichblühenden Apfelbäumen, daß die Häuschen sich ganz verstecken wie in einem Strauß. Wie rosiger Schaum steigt's an den sanften, wiesigen Höhen hinan, und vom Wirtshausgarten hat man einen herrlichen Blick über die blaue Mosel aufs jenseitige Ufer, wo hinter den roten, steilragenden Felsen die ersten Eifelberge auftauchen wie grüne Kuppen, von leichtem Duft silbrigflimmernd umwoben.

Zum ersten Mal fühlte Annakathrein den Frühling. Sie war glücklich in dieser sanften Müdigkeit. Dicht nebeneinander saßen sie in dem engen Läubchen, das erst schwach begrünt war; der Weinstock war noch kahl, nur das Jelängerjelieber zeigte die ersten Blättchen. Aber wie eine Verheißung ruhte es in der Luft. Und auch auf ihnen.

Sein Arm stützte sie, sie lehnte ihren Rücken dagegen und fühlte, wie warm und stark der Arm war. Zärtliche Worte, so zärtliche, wie sie noch niemals gehört hatte, flüsterte der Schatz ihr ins Ohr. Ein beständiges Rieseln ging ihr durch den Körper. Sie war so hübsch in ihrem anständigen Sonntagskleid, so voll erblüht in einer wahrhaft fraulichen Fülle, daß der Bursche sich kaum mehr hielt.

»Laß, laß,« wehrte sie, wenn auch mit unsicherer Stimme. Vor ihren Augen verschwammen bereits Himmel und Mosel, Berge und Bäume. Aber – »Nä, nä!« Sie stieß es heraus und entwand sich ihm hastig. Sie sah ja etwas, das der andere nicht sah. Und als er es nicht lassen wollte und konnte, sie von neuem umschlang, sie an sich preßte, daß ihr der Atem verging, daß sie fast erstickte in seinem Kusse, da stieß sie ihn von sich mit Kraft. Sie wurde rot und böse.

»Dat darfste net,« sagte sie hart. Sie sagte es zu sich selber; sie drückte mit Gewalt etwas nieder, das in ihr aufquoll, heiß und begehrend. Ha, wie lieb sie ihn hatte! Und so lange hatten sie nun schon gewartet! Ach, und er würde sie ja auch heiraten, sie nicht sitzen lassen – aber –! Ihre braunen Augen, die heute so leuchtend in die Welt sahen, wurden plötzlich verschleiert und trüb: – – ›hübsch war die und lustig, fleißig und sauber, es war kein Tadel an ihr gewesen, bis – –‹ da hatte jedesmal die Erzählung gestockt.

»Dat darfste net,« sagte Annakathrein noch einmal, so herb und streng, daß der Bursche sich nichts mehr getraute.

Hand in Hand gingen sie heimwärts, aber die rechte Lust war fort; er war still, fast wie verdrossen, und sie ganz in sich gekehrt. Ringsum düsterte die Frühlingsnacht, eine weiche, lösende Luft kam vom Fluß her, bis zur Stadt gaben alte, schützende Bäume ihnen treu das Geleit. Aber sie machten die Heimlichkeit sich nicht zunutze.

Und das tat ihr doch leid, so leid, daß sie diese Nacht nicht schlafen konnte, daß sie sich warf in ruhelosem Verlangen. Wie im Ansturm pochte das Blut ihr in den Adern, es klopfte an mit der Faust. Angstvoll saß sie im Bett aufrecht, strich sich das wildzerwühlte Haar mit beiden Händen glatt und streckte sie dann wie abwehrend von sich. Ach nein – und wenn sie ihn auch noch so lieb hatte – ach nein, nein!

Sie hätte es sich nicht erklären können, warum die Mutter auf einmal vor ihr stand. Hier, links, da beim Kleiderschrank, als Mädchen, hübsch und lustig, fleißig und sauber – und hier – hier?! Mit einem Ruck warf sich Annakathrein auf die andere Seite, sie hätte beinahe laut aufgeschrien. Da bei der Kommode, da stand sie noch einmal! Aber nicht hübsch und lustig und fleißig und sauber – – ›Brummelstein, Brummelstein, wanneh michste Huchzid?!‹

Annakathrein seufzte so tief, daß es wie ein Stöhnen durch die Kammer ging.

Am Morgen war sie blaß und verwacht.

Sie stand in der Wäschekammer und zählte gebrauchte Handtücher nach – sie tat es müde und lässig, ganz gegen ihre sonst resolute Art – da streckte der Geldbriefträger den Kopf zum Türspalt herein. Als sie ihn verwundert ansah: was, zu ihr wollte er, wer schickte ihr, ihr denn etwas? – nickte er. Er war ein unfreundlicher Mann. Er sagte weiter nicht viel, streckte nur seinen langen Arm aus und reichte ihr eine Geldanweisung, mürrisch-verdrossen: warum hatte sie denn, als Absenderin, nicht ihre ganz genaue Adresse drauf angegeben? Nun hatte man erst noch nach ihr suchen müssen.

Sie sah ihn verdutzt an, sie verstand ihn gar nicht. Und stand noch immer verdutzt, als er längst gegangen war. Das war ja ihre Postanweisung, ihre eigene, die sie abgeschickt hatte am 1. Mai! Heut war der vierte.

›Für Christina Schwendlig,
abzugeben bei der Gemeindevertretung‹ – und dann kam der Ortsname und der Kreis. Alles ganz genau und deutlich hingeschrieben. Und das war trotzdem nicht angekommen? Warum kam es zurück?!

Ein Zittern befiel sie, sie drehte den rötlichen Papierschein hin und her; es war querüber was darauf geschrieben. Eine Ahnung, die sie plötzlich befiel, machte sie totenbleich, der Atem stockte ihr; kaum daß sie soviel sehen konnte mit den von jähem Schreck verblödeten Augen, um zu lesen, mühselig zu entziffern, was da gekritzelt stand. Nur ein paar Worte:

›Adressatin verstorben. Den 16. April. Zurück.‹

– – –

Hatte sie sich nicht getäuscht, war es wirklich die Mutter, ihre Mutter, die gestorben war? Nein, es konnte nicht sein, es konnte und durfte nicht sein, daß die tot war! Die Post, die war irrig.

Eine andere Christina würde es gewesen sein, eine die sie nicht kannte, eine, die sie gar nichts anging.

Annakathrein saß in der Eisenbahn, bereitwillig hatte ihr ihr Herr Urlaub gegeben; sie fuhr der Heimat zu. Sie sah nicht, sie hörte nicht, sie sprach nicht, sie weinte nicht. Nur eins hörte sie immerfort, das übertönte das Rasseln und Schnauben des Zuges: ›Adressatin verstorben – verstorben!‹ Sie war wirklich tot, die Christina Schwendlig. Es gab keine zweite. Hatte nicht noch eine andere Hand unten am Rand der Postanweisung vermerkt: ›Christina Schwendlig, genannt Brummelstein‹ – wie um jeden Zweifel auszuschließen?!

Wenn Annakathrein nur hätte weinen können! Ihr Jakob hatte sie noch zum Bahnhof gebracht, von der Arbeit weg war er mit ihr hingelaufen; sie war ihm dankbar für seine Rührung, aber sie hatte ihm das nicht sagen können, sie hatte ihm nur stumm die Hand gereicht. Hinter dem Fenster der vierten Klasse stand sie, das sonst so blühende Rot war ganz aus ihren Wangen gewichen, mit zusammengezogenen Brauen starrte sie durchs staubige Glas nach ihm hin; es fiel ihr nicht ein, das Fenster herunter zu lassen, sich hinauszubeugen in ihrem schwarzen Sonntagskleid, ihm noch ein Wort zuzurufen, ihm noch einmal zu winken. Sie war wie betäubt.

Das war alles so rasch gegangen – gestern noch der Spaziergang – ah, war das schön, so schön mit ihm gewesen! Dann die Nacht. Und heute, heute fuhr sie zur Leich'. Ach nein, begraben war die Mutter ja schon längst – 16. April, 16. April – und sie hatte es nicht einmal gewußt?! Jetzt röteten sich ihre bleichen Wangen, das Blut schoß ihr zu Kopfe.

›Komm, tu deiner Mutter die letzte Ehr an‹ – niemand hatte ihr das geschrieben! Die Hand, die sie lässig im Schoß liegen hatte, ballte sich unwillkürlich zur Faust.

Sie setzte die Zähne aufeinander, alle Sanftmut war aus ihrem Gesicht gewichen, die Flügel ihrer kräftigen, geraden Nase bebten vor Zorn. Da war keiner hinter dem Sarg hergegangen, der eine Träne nachgeweint hatte! In ihre Augen kam ein Ausdruck von Trauer und Zorn; aber der Zorn war größer. Sie reckte sich in ihrer ganzen schlanken Größe, kaum, daß sie's vermochte, sitzen zu bleiben, die Ungeduld hatte sie gepackt. Wäre sie doch nur da, endlich da!

Aber es dauerte lange, bis sie am Ziel war. Erst die Eisenbahnfahrt, dann die Postfahrt; sie hatte gar nicht mehr gewußt, wie weit es noch von der Station war. Ihre erste Fahrt, die sie dieses Weges geführt hatte, fiel ihr ein. Damals war sie rasch hinab gerollt mit des Gräfer-Hannes tüchtigen Rossen; langsamer ging es jetzt hinauf mit müden Postgäulen. Ein paarmal stieg sie aus und lief nebenher, sie konnte gut mit den Pferden Schritt halten. Oft war sie ihnen sogar noch voraus. Eine innere Unruhe trieb sie, die ließ sich nicht mehr zügeln; die letzte halbe Stunde stieg sie gar nicht mehr ein. Die Gäule schnauften noch die letzte Steigung hinan, da ging Annakathrein, eine rüstige Wandrerin, ihr Bündelchen unterm Arm, schon ins Dorf ein.

Niemand kannte sie mehr, sie erkannte auch niemanden. Sie wollte sich auch gar nicht aufhalten; stracks ging sie die lange Straße durch, am Armenhaus, das jetzt leer stand, auch stracks vorbei, immer weiter hinaus mit eiligem Schritt bis hinauf zum Kirchhof.

Der lag noch höher als das Dorf, aller Sonne und allen Winden preisgegeben, so recht mitten auf dem Plateau, von keinem Baum gedeckt, frei zwischen den Raps- und Roggenfeldern zwischen den Kartoffeläckern und Kleestücken. Die Toten blieben dem Werke nah, das einst ihre Hände getan und ihre Seelen geliebt hatten; und die Lebenden, die jetzt zum täglichen Werke gingen, mußten alle an ihnen vorbei.

Die Sonne neigte sich eben zum Untergang. Es war ein großer Glanz überm Friedhof, als Annakathrein die vermorschte Gartentür aufstieß. Geblendet tappte sie hin und her; sie suchte. Jetzt fiel's ihr erst ein, sie hätte doch fragen müssen, wo die Christina Schwendlig begraben lag. Hier lagen so viele. Sie wußte nicht, war es Schmerz oder Zorn, was sie bewegte, als sie nun zwischen den Gräbern, die vom hohen wehenden Gras und vielem Unkraut schier überwuchert waren, umherlief.

Nein, zwischen denen, die Kreuzchen oder Stein hatten, einen Fliederbusch oder Rosenstrauch, zwischen denen konnte das Grab nicht sein! Es war ja ganz neu. Halt, war es dieses?!

Mit ausgestreckten Händen tappte sie auf einen frischen Hügel zu. Ach nein, da lagen so viele Kränze darauf. Ein prächtiger Kranz aus Perlengeflecht obenauf, und andere, noch schönere, mit wächsernen Rosen. Das konnte der Brummelstein Grab ja nicht sein!

Sie suchte weiter. Hier war noch ein frisches Grab; und dort eines, das auch vor nicht langer Zeit zugeworfen zu sein schien. Welches von ihnen war es nun? Ratlos stand sie. Ach, daß sie doch lieber gefragt hätte! Nun war sie so nahe, so voller Ungeduld, begehrte am Grab der Mutter ein Gebet zu sprechen und fand es nicht. Spähend sah sie umher. Niemand war mehr auf den Feldern.

Ein frischer Wind fegte herüber vom Rosenberg, der wie ein Löwe mit ausgestreckten Tatzen vom weiten Hochland Besitz ergreift und den mächtigen Leib dehnt in purpurner Ferne zwischen Himmel und Feldern.

Annakathrein schauerte, sie war des Eifelwindes nicht mehr gewohnt. Es fror sie bis in die innerste Seele. Traurig stand sie, eine ganz Verlassene; ihr Herz schrie auf einmal der Mutter nach: »Modder, wo biste?« sagte sie halblaut, und dann erschrak sie vor der eigenen Stimme.

Wenn doch jemand käme, den sie fragen könnte! Da sah sie eine Männergestalt in den Feldern, langsam kam sie die Furche bei dem Rapsfeld entlang, das bis an die Friedhofsmauer lief. Sie reckte den Hals: der Mann war groß und breit, er hielt die Hände mit dem Knotenstock auf dem Rücken, langsam ging er, guckte halb rechts, halb links; er besah seine Äcker.

Sie hielt die Hände schirmend an den Mund, damit ihr der wehende Wind nicht die Worte zerreiße: »Holla, seid esu gud!«

Er hörte sie nicht; da schrie sie noch einmal stärker: »He, Ihr da, hört ehs!«

Der Mann stutzte. Er hob den Kopf. Nun kam er auf sie zu.

Sie ging ihm entgegen bis an das Mäuerchen; die Arme legte sie darauf und beugte ihre schwarze Gestalt zu ihm hinüber. Der Wind wehte ihr das braune Haar in Ringeln an den Schläfen auf, in ihren braunen Augen war ein weicher, sehnsüchtiger Glanz. »Seid esu gud,« sagte sie bittend. »Wißt Ihr net, wo die Schwendligs Christina begrawe leit? Ich meinen,« setzte sie leiser hinzu, »›die Brummelstein‹!«

Er sah sie überrascht an, sein Blick glitt prüfend über ihre Gestalt, er musterte sie vom Scheitel bis zu Füßen – lange. Dann zuckte es wie ein leises Unbehagen über sein hartes Gesicht. Er gab keine Antwort.

»Och, seid esu gud. Wenn Ihr vom Dorf seid, Ihr wißt et gewiß. Ech suchen hei als en lang Zeid!« Ungewollt war sie wieder ganz in den heimatlichen Dialekt verfallen. »Och, et is für doll zu gänn, ech kann se net finden!«

»Wat wollt Ihr dann bei der Brummelstein?« Er sah sie wieder scharf an.

»Et is mein« – ›mein Modder‹, wollte sie sagen, aber sie verschluckte es; sie schämte sich, eine tiefe Röte stieg ihr ins Gesicht. Sie ließ den Kopf hängen; so bemerkte sie seine Musterung nicht.

»Ech will et Euch weisen,« sagter er kurz, schwang sich über die Friedhofsmauer und stapfte mit schweren Tritten durch Gras und Unkraut zwischen den Gräbern durch. Den neuen Hügel mit den vielen Kränzen übersprang er und querte hinüber zur anderen Mauerseite und zeigte da auf den Winkel: »Hei leit se!«

Annakathrein ließ ihr Bündelchen fallen, sie sank auf die Knie, sie faltete die Hände. Sie wollte laut beten: ›Herr, sei ihrer Seele gnädig, Herr, schenke ihr die ewige Ruh,‹ aber es kam ihr ein jammervolles Weinen. Ein grenzenloses Mitleid mir der, die da unten lag, einsam, ungeliebt, unbetrauert, mißachtet von allen, selbst von der eigenen Tochter – ja, von der auch! Die war ihre eigenen Wege gegangen, hatte Geld gespart, sich einen Liebsten genommen – hätte sie nicht die Mutter besuchen, sich mehr um sie kümmern müssen?!

Wie eine Vision tauchte vor Annakathrein plötzlich das längst vergessene Mädchen in den Trierer Anlagen wieder auf. Jene, ach jene, wie die Ihre Mutter gestreichelt hatte, sich an sie geschmiegt! Ach, war die ein Engel gewesen, der sie hatte mahnen wollen? Ja, ja! In abergläubischem Schauer zitternd, beugte sich Annakathrein tiefer und tiefer. Sie hatte nur Geld geschickt, Geld ab und zu – aber wo war die Liebe gewesen?!

Schluchzend legte die Erschütterte ihre Stirn auf den Hügel, ihre Arme breitete sie drüber hin: »Modder!«

In Reue und Schmerz stammelte sie: »Modder, dau bis eweil owen, kuck erunner, kuck erunner, hei sein ech, die Annakathrein! Eweil kommen ech jao, Modder! Modder, Modderche, ech wußten't jao net, dat ech dech esu lief haon!«

Annakathrein hatte sich immer zu fassen gewußt, jederzeit noch an sich halten können mit ihren Gefühlen, heute konnte sie es nicht mehr. Hier nicht mehr. Sie war ja auch allein, ganz allein mit der Toten da unten, die sich plötzlich aufrichtete in ihrem Grab. Die da wuchs und wuchs zum Hügel heraus, nicht mehr die klägliche, blöde Gestalt, nein, die groß und machtvoll sich aufreckte, mit starken Armen um sich faßte, sie unwiderstehlich an sich zog: ›Ich bin deine Mutter, du bist mein Kind!‹

Annakathrein lag wie betäubt über den Hügel geworfen, sie dachte nur das eine: Mutter! Sie lallte, sie stammelte, sie wimmerte, sie schluchzte, sie schüttete ihr Herz aus, wie sie es noch nie ausgeschüttet hatte, sie jammerte um die, die sie nun nicht mehr hatte, und klagte sich selber verzweifelt an. Sie hatte es ganz vergessen, daß noch einer neben ihr stand.

Jetzt legte der Mann ihr die Hand auf die Schulter. Er war bei ihr stehn geblieben die ganze Zeit. Neugier war erst in seinen Augen gewesen, ein leiser Spott um seinen Mund, aber das spöttische Ziehen der Mundwinkel war bald verschwunden. In einer gewissen Verlegenheit stand er da; er wäre lieber gegangen und war doch geblieben. Auf seinem wetterharten Gesicht – ein schönes Gesicht war es, aber wie aus Holz geschnitten – zeigten sich Regungen, stritten Empfindungen. Die braunen Augen unter den buschigen, ergrauten Brauen wurden milder im Blick. Es kam wie Teilnahme in sie. Und als die Tochter so jammervoll schluchzte: »Modder, Modderche, ech wußten't jao net, dat ech dech esu lief haon« – beugte sich seine starke Gestalt. Sein Nacken neigte sich nach vor, als ducke ihn etwas nieder; er stand nicht so breit mehr auf seinen Beinen.

»Mädche,« sagte er leise, als er ihre Schulter berührte. Und als sie nicht aufstand, seine Hand nicht einmal zu bemerken schien, sagte er lauter, aber doch mit einer gewissen Sanftheit, die seiner rauhen Stimme seltsam anstand: »Annakathrein!«

Sie sprang erschrocken auf: wer rief sie beim Namen? Ihr erhitztes, verweintes Gesicht blickte den Fremden verstört an. Sie machte eine abwehrende Bewegung: was wollte der hier?

»Ech kennen dech,« sprach der Mann, »ech haon dech net vergäß'. Dau kennst mech äwer net meh, gäl?«

Sie schüttelte verneinend den Kopf. Aber dann kam's ihr doch wie eine Erinnerung. Langsam, zögernd fragte sie: «Dän Gräfer-Hannes?«

Er bot ihr die Hand. Als sie ihm die ihre reichte, fühlte sie, daß seine Finger kalt waren; scheu zog sie ihre zurück, aber er hielt sie fest. »Jao, mer gitt ald,« sagte er mit einem kurzen Auflachen. »Dau bis e schien Mädche geworde, en düchtig, staats Fraumensch. Anner Leut han't int Gras beiße müssen. Mein Frau is aach gestorwe.« Er winkte mit dem Kopf nach dem so reich mit Kränzen geschmückten Hügel hin. »Et sein eweil als acht Wochen her. Ech laoßen eweil bal hei maueren!«

Was ging sie das an? Sie sah ihn verwundert an.

»Ech laoßen deiner Modder aach ene Stein setzen bei der Gelegenhat. Dau mußt net esu arg weinen!«

Ihre Augen blickten immer verwunderter.

»Ech duhn et dir zulief,« sagte er hastig; und dann, wie sich entschuldigend vor ihrem verwunderten Blick: »Die Brummelstein gieht mech jao gaor neist an, äwer dau duhst mer esu leid – e jung Mädche on esu arg weinen!«

Was, der Bauer, der reiche Gräfer-Hannes, wollte ihrer Mutter, der Brummelstein aus dem Armenhaus, einen Stein setzen lassen? Was fiel ihm denn ein? Warum? O, so dumm war sie nicht; der reiche Bauer, aus Herzensgüte tat er das doch nicht?! Ihr zuliebe? Was wollte der denn von ihr?!

»Ech duhn et gären,« sagte der Gräfer-Hannes. »Kuck mech net esu an!« Er wandte sich verlegen. »Kann mer dann net ebbes Gudes duhn? Ech haon't jao derzu. Un et is Christenpflicht!«

Christenpflicht?! Sie zuckte die Achseln; auf einmal war vom Schmerz etwas fort, und statt dessen aller Zorn wieder da. So lange war ihre Mutter schon tot – ›Adressatin verstorben den

16. April‹ – und da war niemand gewesen, der es der Mühe für wert gehalten hatte, die Tochter zu benachrichtigen!

»Wän es eweil hei dän Armenpfleger?«

»Dän alden es dud.«

»On wän es Gemeindevorstand?«

Sie fragte es wie im Verhör.

Und fast kleinlaut erwiderte er: »Ech sein et.«

Da fuhr sie den großen Bauern an, als sei der nicht der Gräfer-Hannes, nicht der reichste Mann im ganzen Dorf. Was, also jetzt, jetzt wollte er sich aufspielen? Aus Barmherzigkeit, aus Christenpflicht, dem armen Weib einen Denkstein setzen lassen? Pah, Christenpflicht! Bange war ihm, weil er seine Pflicht versäumt hatte! »Ech peifen auf Euer Christenpflicht, die es net weid här. Ihr seid Gemeindevorstand, Ihr könnt jao schreiben, Ihr hatt' Dint un Feder, et gift jao Papier, an mech mußtet Ihr schreiwen, mir Mitteilung maachen, mech zu meiner Modder komme laoßen. Jesses, o Jesses, wie starw se dann?!« Der Schmerz kam schon wieder, die Stimme erstickte in aufquellenden Tränen.

»Mer hat se gefunnen,« sagte er leise, »se lag dod im Bett. Se wär als lang Zeid siehr schwaach gewest. Se is sicher sanft eingeschlaofen. Tröst dech, Mädche!«

Sie hörte seine Tröstung nicht. Sie hatte nur das gehört: ›Se lag dod im Bett!‹ Also allein, ganz allein war sie gestorben, keiner war bei ihr gewesen, hatte ihr beigestanden in ihrer letzten Not?! Man hatte sie tot gefunden – wer weiß, wie lange schon sie so gelegen hatte, starr und kalt?!

In grausamer Deutlichkeit stand das Bild der Sterbenden vor der Tochter Augen – das verwahrloste Armenhaus, das verlassene Lager. Sie schrie auf in Herzensqual, sie reckte die Fäuste, schlug sie sich vor die Stirn, vor die Brust, und dann ließ sie sich los und packte den Mann an. Er stand wie ein Sünder. Sie rüttelte ihn; sie hatte soviel Kraft, daß er bebte, jedes Glied an ihm, dem Starken, flog. »Schämt Euch,« schrie sie ihm ins Gesicht. »Schämt Euch!« Und immer wieder dasselbe.

Er fand kein Wort der Erwiderung, keine Entschuldigung. Sein gerötetes Braun, das so frisch vom ergrauten Haar abstach, hatte sich nicht verändert, als er hinterm Sarg seiner Frau dreingeschritten war, aber jetzt war die Farbe weg; er war bleich geworden bis in die Lippen. Seine Augen blickten unsicher, er schlug sie nieder. Und doch war da ein Verlangen in ihm, sie aufzuschlagen, die anzusehen, immerfort anzusehen, die mit keuchender Brust, die großen Augen weit offen in brennendem Leuchten, so zornig vor ihm stand.

O ja, sie hatte schon Ursache – sehr viel Ursache – so auf ihn zu schimpfen, ihr Zorn war gerecht. Und sie wußte doch noch nicht einmal, wie im Rechte sie war! Ohne Wort, verlegen hüstelnd, herumblickend, als suche er einen Ausweg, stand der Bauer.

Jetzt ließ sie ihn los. Jetzt kam es ihr, daß sie sich vergessen hatte. Sie schlug die Hände vors Gesicht und wich zurück. Mit einem dumpfen Laut fiel sie wieder beim Grab der Mutter nieder und preßte ihr glühendes Gesicht in die kalte Erde: »Modder, lief Modderche!« –

Die Sonne war lange schon untergegangen, nur ein feuriger Streif verglühte fern hinterm Mosenkopf. Es war kein Blütenmai, er war herb und streng hier oben. Kalt fuhr der Abendwind jetzt über den Kirchhof hin und über den goldgelben Raps der Felder; die wunderten sich selber, daß sie hier blühen konnten. Hier vergeht leicht, was nicht Kraft genug hat, zu widerstehen.

Mit zusammengezogenen Brauen sah der Mann auf das weinende Mädchen nieder; schade, daß sie so böse auf ihn war! Aber sie war ja so jung, sie würde sich schon wieder trösten! Er versuchte ein paar Entschuldigungen: wahrhaftig, er war nicht schuld, er hatte ja gar nicht gewußt, daß es so schlecht mit der Brummelstein stand. Der Armenpfleger war schon zu alt gewesen und zuletzt krank, er hatte sich nicht genug gekümmert. Doch nun würden sie einen neuen wählen! Aber dann fiel ihm ein, daß das der Brummelstein ja nichts mehr nützen konnte. Er verbesserte sich, wiederholte sich, verbesserte sich wieder und verhaspelte sich immer mehr und mehr.

Das Mädchen sagte kein Wort dazu, es richtete sich noch immer nicht auf.

Da kam ihn die Angst an: es wurde schon dunkel und wahrhaftig auch kalt, sie würde doch nicht hier nächtigen wollen?!

»Komm, komm,« sagte er überredend und beugte sich zu ihr nieder. Sein Kopf war dicht neben dem ihren. Von ihrem heißen, vom Schluchzen schütternden Körper stieg's warm zu ihm auf, ihr verwehtes Haar kitzelte seine Wange, fein und seidig. Ein Verlangen kam ihn an, sie anzufassen, sie an sich zu ziehen, wie er's in jungen Jahren mit manchem Mädchen getan hatte. Und doch war dies Verlangen jetzt ein ganz anderes. Er war allein, seine Frau war tot – wer hinderte ihn, die hier jetzt zu sich zu nehmen? Denn was die Leute sagten, – pah!

Etwas von der vorigen Breitspurigkeit kam wieder über ihn, er stellte die Beine fest auf. Er war der Gräfer-Hannes, der Bauer. Er war nun nicht mehr der junge Bursche, der sich fürchtete, daß dem Vater was zugetragen werden könnte von seiner Liebschaft mit der armen Stein, und daß ihm die Erbin von der Mosel entgehen könnte dadurch. Er hatte nun selber Geld, eine Masse Geld! Er holte tief Atem und räusperte sich dann vernehmlich – es war ihm was in die Kehle gekommen, er schluckte daran – und keine Kinder!

»Mädche,« sagte er mit einer ihm selber völlig fremden Stimme. Es war etwas wie ein Klang von Zärtlichkeit darin und von Sehnsucht. Und auch von Vaterstolz: war die nicht ein schönes und staatses Frauenzimmer, ganz seine Tochter, nicht nur von außen ihm ähnlich?! »Annakathrein, et es spät. Et gift als dunkel. Wat willste noch hei bei den Toten bleiwen? Hei es et unkommod. Komm eweil, laoße mir giehn!«

Er suchte eine ihrer Hände zu fassen, es gelang ihm nicht. Er wollte sie emporziehen, sie krallte sich förmlich in die Erde fest. Da streichelte er ihr übers reiche Haar. Ein schönes Haar! So voll und ringelig war seines auch einmal gewesen. Ein Jammer, wenn die wieder fortgehen würde! Aber vorsichtig, vorsichtig, nicht zu hastig, und sich nicht verraten! Die hatte einen Kopf, der schlug dem seinen nach. Hatte man's nicht schon damals gemerkt, als sie noch ein kleines Mädchen war?!

Eine Verlegenheit überkam ihn, wie er sie in all seiner Dreistigkeit bisher noch nie gefühlt hatte. Es war ein unangenehmes Gefühl, das ihn belästigte. Kotzdonner, wie fing er's doch an?! Er nahm einen Anlauf, stammelte etwas und verstummte dann wieder. Er war wie aufs Maul geschlagen. Es war nicht so leicht, das fühlte er wohl. Ihre Mutter war anders gewesen, der hatte er bloß mit dem Finger zu winken gebraucht, und die war ihm nachgelaufen, war ihm gefolgt wie ein Hündchen. Und aufs Wort hatte sie ihm geglaubt. Und als er sein Versprechen nicht hielt, hätte sie sich nie getraut, ihm Vorwürfe zu machen, sie hatte nur gefleht: »Hannes, verlaoß mech net,« und sie hatte ihn nicht verraten. Eigentlich ein lieb Dingelchen – schad um sie!

Aber konnte er, dem Gräfer sein Sohn, sich als Vater zu dem Kinde bekennen, das sie kriegen sollte, zumal er sich grade verheiraten wollte mit dem Mädchen von der Mosel?! Der Schweiß brach ihm aus. Aber wer weiß, die Stein hatte ihn am Ende gar belogen, ihm was vorgeschwätzt – so eine hält's auch mit anderen – und er sollte nur der Dumme sein?! Doch warum riß es ihn denn jetzt so mit Gewalt zu dem Mädchen hier, wie es ihn schon einmal hatte reißen wollen, aus dem Lehnstuhl heraus, hinterm Laden hervor dem lieblichen Kinde nach, das an seinem Hause vorbeiging?!

Der Gräfer-Hannes seufzte: nein, hier galt kein Sichselberbelügen! Er war der Vater, er fühlte es.

Damals war er froh gewesen, wie erlöst, als er die Annakathrein aus dem Dorf gebracht hatte – sein Weib hatte scharfe Augen, und andere Leute gab's auch noch, die sehen konnten – aber jetzt, jetzt war's ja was anderes. Jetzt brauchte sie nicht zu gehn. Nein, sie durfte nicht gehn!

Beide schwere Hände legte er ihr auf die zuckenden Schultern, als ergriffe er so Besitz von ihr. »Annakathrein,« sagter er heiser, seine rauhe Stimme zum Flüstern dämpfend, »dau mußt net meh esu bös auf mech sein, Mädche. Et duht mir jao leid, esu arg leid. Komm, gief mir dein Hand. Komm, mir öwerlegen, wat mir deim Modderche für 'ne schiene Stein setze laoße, gäl?!"

Der sprach ja liebevoll?! So sehr Annakathrein ihm gezürnt hatte, sie konnte ihm jetzt nicht so böse mehr sein. In ihrer Verlassenheit ergriff sie die Hand, die sich nach ihr ausstreckte. Langsam stand sie auf; im ungewissen Dämmerlicht sah er ihr wehmütiges Lächeln.

»Ihr seid siehr freindlich, Hähr Gräfer, ech danken Euch!« Sie schüttelte seine Hand. »Äwer et is nau zu spät; ech kann jao doch mein arm Modderche net meh lebendig maache, wann ech et aach noch esu gären däht!« Sie schluckte die Tränen herunter, die sich ihr wieder in die Stimme drängen wollten, schüttelte von ihrem Rock Gras und Erde ab und raffte ihr Bündel auf, das ihr vorhin entfallen war. »Adjüs. Eweil giehn ech!« Sie wandte das Gesicht noch einmal dem Grabe zu, nickte kurz und wollte dann eilig davongehn.

Gräfer-Hannes bekam einen Schreck. Wahrhaftig, sie ging! Das war eine! Wie mit Bewunderung erfüllte es ihn. Die wollte nichts von ihm, die stand auf sich selber! Rasch griff er nach ihr, er hielt sie am Kleide fest: »Wohin willste dann?«

»Dat weiß ech noch net.«

»Komm bei mech. Ech haon en Stub leer, dao kannste schlaofen!«

Sie zögerte, das Anerbieten war verlockend, sie war fremd geworden im Dorf, und sie mußte doch für die Nacht irgendwo unterkommen.

Er drängte: »Dau sollst et gud haon – esu gud, wie noch nie!« Ihr Zögern flößte ihm Besorgnis ein; er vergaß, daß er hatte vorsichtig zu Werke gehn wollen, sich nicht verplappern durfte in Voreiligkeit. Nein, sie sollte nicht gehn, sie gefiel ihm zu gut, jetzt doppelt, da sie nicht mehr weinte! »Sei net esu dumm, Mädche. Wat biste dann? Ein armer Dienstbot! Bei mir sollste dat äwer net meh sein. Ech haalen dech anners. Wie en Gefreundte. Wie en Verwandte. Wie en Dochter – wenn et dann sein muß!« Er würgte am Letzten, das kam ihn doch hart an. Aber es mußte sein. »Jao, wie en Dochter!«

Erwartungsvoll sah er sie an; es war schon zu dunkel geworden, um klar zu sehen. Aber nun kam plötzlich ein Schein vom Himmel. Bald würde der Mond voll aufgehn, dann würde er ihr Aufstrahlen deutlich erkennen können, sehen, wie sie sich freute. Es war doch ein Glück für sie! Ungeduldig suchte er in ihrem Gesicht, durchstöberte es förmlich mit seinen Blicken. Heller Mondglanz lag jetzt darauf, aber nichts von Freude.

Sie sagte nichts, sie sah ihn an mit großen, erstaunten Augen.

Das war ja natürlich, daß sie sich wunderte und kein einziges Wort fand; es kam ihr zu unverhofft! Er trat ihr noch näher: »Jao, jao, kuck mech nor an, dau kömmst bei mir net zu kurz. Dau sollst et gud haon, siehr gud. En schiene Stub mit enem Nähdisch – en Karnarienvögelche in enem Bauer – en gud Bett – on ene Spiegel – all die Saachen von meiner Frau selig. Dau sollst emaol kucken! On in der Chais kannste aach metfaohren – on essen on drinken, esu vill wie dau wills'!«

Er überbot sich selber mit jedem Versprechen, hastig, übereifrig steigerte er seinen Ton. Jetzt hielt er aufatmend inne, was sagte sie nun?!

»Ech muß danken,« sagte sie kurz, den Kopf ablehnend schüttelnd. Und dann mit einer großen Verwunderung: »Wie kommt ihr derzu, mech wie en Dochter zu haalen?! Ech verstiehn Euch net! Ihr wart Gemeindevorsteher, um mein Modder hatt Ihr Euch net gekümmert, un mech, mech wollt Ihr int Haus holen?! Esu vill an mir duhn?! Hat Ihr vielleicht ebbes zu vill gedrunken?! Sie sah ihn mißtrauisch-forschend an. »Oder wollt Ihr mech für en Narr haalen? Dat wär net schien von Euch!«

»Nä, nä!« Ihr weich gewordener, zum Schluß vorwurfsvoll-trauriger Ton ermutigte ihn. Er lachte auf und rieb sich die Hände. »Ech haon neist gedrunken. Un dech für en Narr haalen, nä, dat riskieren ech net!«

»Dann weiß ech wahrhaftig net, wat Euch einfallen duht. Ihr seid mir neist schullig.«

»Neist schullig?!« Das pfiffige Lächeln, das auf seinen Lippen zu spielen anfing, wurde noch pfiffiger. Er legte den Kopf auf die Seite und blinzelte sie an.

Ihr Blick blieb verständnislos.

Da wurde seine Miene rasch wieder ernst. Beide Hände auf ihre Schultern legend – so, dicht Gesicht an Gesicht – raunte er bedeutungsvoll: »Un wann ech dir doch ebbes schullig wär?«

Sie verstand ihn noch immer nicht. Eine Angst kam sie an vor dem Gräfer-Hannes: was wollte der denn von ihr, sein Ton war so seltsam? Unwillkürlich wich sie ein paar Schritte zurück.

Da schrie er sie an mit plötzlichem Entschluß – was half's, sonst ging sie ihm auf und davon –: »Ech sein dir doch ebbes schullig. Ech – ech sein jao dein Vadder!«

Da – da war's heraus! Er reckte sich hoch in Selbstbewußtsein und Trotz. Mochte sie's denn wissen – mochten es alle wissen! Jetzt wollte er Vater sein. Erwartungsvoll sah er sie an, sein Atem ging rasch, nun klopfte das Herz ihm doch.

Sie wich noch weiter zurück. Und als er ihr nachging, die Hände nach ihr streckte, wich sie aus hinter das frische Grab. Er konnte sie drüben nicht fassen. Sie wollte schreien und konnte nicht, sie wollte sprechen und konnte nicht, sie zitterte am ganzen Leib. Jähe Empfindungen durchrüttelten sie, Gedanken rasten; Zorn und Empörung, Wut, Haß, Groll. Und mitten dazwischen war noch etwas, wie ein Funken: etwas von Zuneigung. Der, also der war ihr Vater?! Sie hatte einen Vater. Sie war nicht mehr niemandes Kind, sie brauchte nur die Hand auszustrecken, und der da ergriff sie. Sie sollte es gut haben – sehr gut! Es wurde ihr schwindelig; sie verbarg ihr Gesicht.

»Annakathrein,« hörte sie seine Stimme, »mein Mädche! Eweil siehste't ein: ech haon en Recht auf dech. Eweil mußte bleiwen!«

Ein Recht – ein Recht – wer hatte ein Recht? Dieses Wort brachte sie zu sich. Recht – wer sprach hier von Recht?! Nur die da unten hatte ein Recht; sonst keiner!

Alle weicheren Empfindungen versiegten ihr, den Fuß auf den Hügel setzend, als solle ihr von da die Kraft bis hinauf zum Herzen steigen, die Kraft, die sie brauchte, sagte sie eintönig, und doch fiel jedes Wort stark, hart in den Ohren dröhnend wie Hammerschlag: »Warum seid Ihr dann net mein Vadder gewest, wie ech noch klein waor? Eweil sein ech groß, eweil brauchen ech kein Vadder meh!« Sie sah ihn fremd an. »Ech haon kein Vadder. Ech haon nor en Modder. Un die habt Ihr bedrogen, um ihre Ehr gebracht, Gräfer-Hannes! Sitzen habt Ihr se laoße im Elend, krepieren laoße wie 'ne armsälige Hund. Schämt Euch, pfui!«

Jetzt schrie sie laut, es gellte über den Friedhof; sie spie aus vor ihm. »Ech müßten jao kein Ehr meh im Leib haon, kein Achtung meh vor mir sälwer, und kein Furcht vor unserm Hährgott, wann ech Euch noch die Hand geben däht!«

Sie drehte ihm den Rücken; sie wartete, daß er gehn sollte, aber er ging noch nicht.

Hatte er nicht schon manch wildes Pferd zum Stehen gebracht?! Gräfer-Hannes hob den gesenkten Kopf. Sie mußte ihn doch hören, ihn wenigstens erst einmal ruhig ausreden lassen! Soviel Schuld, wie sie sich dachte, hatte er denn doch nicht:

»Ech hören,« sagte sie kurz.

Und da fing er denn an sich zu entschuldigen: wahrhaftig er hatte die Stein auch recht lieb gehabt, und man ist jung, und man weiß doch: Jugend hat keine Tugend – und sie hatte ihn so arg gern. Aber der Vater hätte es nun und nimmer zugegeben, daß er so eine Arme geheiratet hätte – und der Vater war so streng, und vorm Vater hatte er noch immer Angst gehabt und er sollte sich reich verheiraten, der Vater selber hatte sie ihm ausgesucht und – und dann – er stockte und schluckte und fuhr sich in die Haare, riß die Mütze vom Kopf und schleuderte sie zu Boden, als brenne sie ihm auf dem Schädel. Stampfte mit dem Fuß, verzweifelt über die Unzulänglichkeit seiner Entschuldigungen, und fing dann wieder mit Stottern und Schlucken von vorne an.

Sie unterbrach ihn: »Un dann hat mein arm Modder ihren Verstand verloren. Ech weiß eweil alles. Se haon et mir früher jao oft erzählt: hübsch un lustig, fleißig un sauber, brav un untadelig, bis – spart Euer Red!« Sie sprach unerbittlich. »Ihr wißt et jao sälwer, Ihr entschuldigt Euch net!«

Sie reckte sich über das Grab hinüber und schrie ihm ins erblaßte Gesicht: »Feig wart Ihr, so duhn wolltet Ihr, als ging Euch die Brummelstein gaor neist an – im Armenhaus ließt Ihr sie elendig verkommen – als ging Euch dat Könd neist an, dat Könd, dat en Modder gehatt hat und doch kein Modder. Äwer« – die Stimme wurde ihr tonlos – »die arm Frau konnte jao neist dafür, die wußt et jao net meh, dat se en Dochter hatt. Äwer Ihr, Ihr hätt et wisse müssen!« Des Mädchens Stimme wurde wieder stark, rauh, hart und erbittert: »Euch klagen ech an für all dat, wat mein Modder gelitten hat. Un für dat, wat ech haon entbehre müssen. Modderlieb, Vadderlieb – ech haon se nie net gekannt.

Fünfundzwanzig Jaohr sein ech eweil, äwer wann ech aach hunnert würd, dat wird Euch nie net vergäß!«

»Sei net esu hard, net esu hard!« Er war zurückgeprallt. All seine Sicherheit hatte ihn verlassen. Er stand auf einmal da, ein alternder Mann, und sah auf die Jugend zurück mit reuigen Blicken. Ja, er war ein Lump, und sie – seine Tochter – sagte die's ihm nicht deutlich?

»Verzeih mir!« Es entrang sich ihm schwer, er hatte noch nie in seinem Leben um Verzeihung gebeten. Er weinte fast. Sie blieb stumm. Da hoffte er wieder; er hoffte noch immer. Er haschte nach einer leisen Hoffnung – sie war ja so ein armes Mädchen, und er bot ihr so viel!

»Ech will dir jao alles zulief duhn. Wat dau wills', dat soll geschehn. Dau has' recht, ech haon vill gud zu maache. Hilf mer derzu! Ech will jao su gären!«

Sie beachtete seine ausgestreckten Hände nicht; sie sah starr aufs Grab nieder.

»Verzeih mir, verzeih mir!«

»Ech verzeihen.«

Es war nur gemurmelt, aber er fing es auf, begierig lauschend, an ihren Lippen hängend. Schon wollte er aufatmen, schon wieder sich aufrecken: ach, wenn sie ihm nur verzieh, nur anfing, ihm zu verzeihen, dann würde auch alles nachher schon gut!

Da sagte sie noch einmal lauter: »Ech verzeihen.«

»Merci, merci!« Er haschte nach ihren Händen.

Sie entzog sie ihm. »Ech muß Euch verzeihen, sonst könnt ech jao net meh beten: ›Vergib uns unsere Schuld, wie wir vergeben unsern Schuldigern.‹ Nur darum. Zu schaffen haon ech äwer neist meh met Euch!«

Er hatte sich ihr in den Weg gestellt, sie schob ihn beiseite und ging. Verzweifelt schrie er hinter ihr drein, wie sich klammernd ans Letzte: »On dän Stein, dän Stein, dän ech hei wollt setze laoßen für dein Modder zum Angedenken?! Wir müssen doch noch sprechen öwer dän Stein!«

Da drehte sie noch einmal kurz um: »Dän Stein setzen ech. Ech sälwer. Meiner Modder zum Angedenken – un Euch!«

Sie hob drohend den Arm. Aufgereckt stand sie da, sich scharf abhebend in dunklen Umrissen gegen die bleiche Mondnacht. Aber nicht mehr im dürftigen Trauerkleid, nicht arm und gering; sie war auch nicht traurig mehr. Groß war sie, über sich selber hinausgehoben, getragen von einem Wunsch, reich im Besitz einer Rache.

Der Tochter Stimme klang dem erschauernden Bauern wie die Posaune himmlischen Gerichts: »Dän setzen ech auch Euch für en Angedenken. Ihr sollt se nie meh vergäßen, die Brummelstein!«

* * *

Wenn die Bauern der Eifelgemeinde jetzt auf ihre Äcker fahren, dann sehen sie nicht nur den Mosenberg, den begrünten alten Vulkan, seinen mächtigen Leib strecken und emporwachsen als einziges, was da fern hinragt auf dem sanft gewölbten Rücken des Hochlandes, den unzählige Äcker und Äckerchen in gelben und grünen Vierecken karieren. Sie sehen noch etwas. Das reckt sich empor wie ein dunkler Finger, der denen winkt, die aus dem Dorfe gehen und die wieder ins Dorf zurückgehn; den man dräuen sieht, von rechts und von links, von vor und von zurück, von allen Seiten. Große und Kleine sehen es, Kinder und Greise, Männer und Weiber, alle, die wie winzige Puppen in der großen Weite sich regen.

Auch der Gräfer-Hannes sieht es – täglich muß er es sehen. Auf dem Kirchhof ragt es empor in die klare Luft. Es ist gerichtet aus Stein und Eisen, es wirkt so groß und gewaltig, viel größer, als es in Wirklichkeit ist, weil nichts, gar nichts anderes so aufragt.

Das ist das Kreuz auf dem Grabe der Brummelstein. Von der Tochter errichtet.

Die hat dafür alles hingegeben, was sie verdient hat in jungen Jahren, hat auf das verzichtet, worauf ihr Herz hoffte: auf Liebe und Heirat. Denn was sie noch verdient mit rüstiger Kraft, auch das gehört alles dem Kreuz; die Schuld ist noch groß, sie abzutragen bedarf es jedes Groschens.

Aber die Annakathrein weint nicht darum. Sie hat aufs Kreuz setzen lassen mit goldenen Buchstaben, die weithin leuchten:

Hier ruht in Gott
bis zur seligen Auferstehung
von der Gemeinde verachtet
aber tief betrauert von der einzigen Tochter
meine liebe Mutter Christina Schwendlig
genannt Brummelstein.

Die Heimat

erschienen in »Heimat«, 1914

Der Bräuersch Lippi war nie vom Dorf fortgekommen. Er stieg nur von der Höhe herab, um unten im Bädchen die Zigarrenstummel aufzulesen, die die reichen Kurgäste nicht zu Ende geraucht hatten. Und dann war es ihm, als käme er nach Paris. Ganz scheu guckte er sich um: Jesus Maria, war das eine Welt, schier gewaltig! Da war das Kurhaus, wo sie in den Zeitungen lasen und sich auf einer Waage wiegen ließen, als wären sie ein Schlachtvieh. Da war das Dächelchen, darunter sechs Mann fiedelten und bliesen, sage sechs Mann, ihrer mehr als zur Kirmes im Dorf. Da war die Quelle, wo man warmes Wasser trinken konnte, wenn man wollte. Und da war das Haus, darin sie sich badeten.

Der Lippi schüttelte den Kopf: Wasser – baden?! Er wunderte sich über die reichen Leute: die hatten das doch nicht nötig. Selbst er, der Lippi, badete sich ja nicht einmal; seitdem ihn die Mariajusepfrau in den Zuber getunkt und er, darob entsetzt, die Welt doppelt laut angeschrieen hatte, hatte er nicht zu baden gebraucht.

Aber schön war es hier, und so vornehm, daß er es nicht wagte, in der Mitte der Straße zu gehen, sondern sich bescheiden an den Häusern entlangdrückte. Er hielt sich immer im Schatten, und wenn der Ortsgendarm auftauchte, dann duckte er rasch unter hinter irgend einer Tür oder Mauerecke. Er bettelte ja nicht, o nein, er las nur das auf, was andere nicht mehr mochten. Aber der Gendarm glaubte das nicht; der hatte ihn schon ein paar Mal im Genick gepackt, ihn vors Bädchen hinausgeführt, wo die blühenden Anlagen aufhören und die Straße steil ansteigt gegens Eifelplateau, hatte ihm da einen Stoß gegeben, daß er gleich drei Ellen weit wegflog und geschrieen: »Maacht, dat Ihr wegkommt! Hei wird net gebettelt!«

Aber der Lippi kam doch immer wieder: der Herr Gendarm meinte es ja gar nicht so bös'. Und die Zigarrenstummel schmeckten so gut, und die reichen Leute waren auch so gut, die schenkten ihm sogar ab und zu einen Groschen. Er ging sie nie darum an, er blinzelte nur freundlich mit seinen rotgeränderten, trüben Augen; und seine weißen Haare, die lang und dünn unter der alten Kappe auf den schmierigen Rockkragen fielen, zitterten wie Spinnwebfäden im Wehen der Luft.

Der Lippi wohnte oben zu Kenfuß. Wenn er beschenkt und dem Griff des Gendarmen entronnen, die Kehren der Straße zu seinem Dorf hinaufstieg, war er sehr glücklich. Er spitzte die Lippen zum fröhlichen Pfeifen: war das eine freie Luft und eine warme Sonne, und eine rauschende Üß und ein goldiges Grün auf den Rasenhängen unter der schwarzen Lay! Nirgendwo in der Welt konnte es besser sein. Der Sommertag war so schön, daß man schon den Winter dafür in den Kauf nehmen konnte.

Brennholz konnte man sich ja auch genug sammeln, um sich die Stube zu heizen; und wenn's allzu grimmig war, kroch man gar nicht aus dem Bett heraus, sondern blieb darin liegen und verschlief auch den Tag, der ohnehin dunkel war wie eine Nacht, denn das Fensterchen war dicht verstopft.

Dann kamen die Träume, die Erinnerungen, und besuchten den Lippi. Er hatte einmal eine Frau gehabt und auch Kinder. Es war schon lange her. Die Kinder waren groß geworden und in die Welt gegangen; er hatte sie ungern ziehen sehen, aber sie hatten sich eben nicht halten lassen. Nun waren sie am Ende gestorben? Er glaubte es sicher, denn sie hatten lange nichts von sich hören lassen.

Und seine Frau war auch tot. Die hatte Trina geheißen. Eine gute Frau. Die hatte sich immer fleißig dazugehalten, daß sie etwas verdiente; in den Taglohn war sie gegangen zu den Besitzern, Beeren hatte sie gesammelt und herunter ins Bad getragen, Winters hatte sie gesponnen für die Bauersfrauen, und Botengänge war sie gelaufen.

Er hatte immer sein gutes Auskommen gehabt. Nun hatte er freilich keinen Speck mehr zu seinem Brot, und selbst das manchmal nicht; aber es machte ihm nicht viel aus, dann wartete er eben bis er wieder welches hatte, und das schmeckte dann doppelt gut. Den Hunger, der weh tat, empfand er eigentlich nie. Er hatte ja die gute, gute Luft, die nährte und machte lebendig wie eine kräftige Suppe, eine Suppe, wie sie der Herr Pfarrer ißt: Brühe von Fleisch mit lauter Fettaugen darauf. Er hatte solche verkosten dürfen am Fest ›Heilige drei Könige‹, als er an des Herrn Pfarrers Küchentür stand und mit trüben Augen freundlich blinzelte. Die Suppe hatte ihm warm gemacht mitten im Schnee.

Aber die liebe Sonne, die machte noch wärmer. Wenn die erst so recht beständig vom Himmel herunterschien, dann war es herrliche Zeit. Dann sprangen überall Quellen, man brauchte nur die Kappe vollaufen zu lassen, um sich sattzutrinken. Und es gab so viele Nester mit Eiern darin, und überall reiften Beeren, und auf den Äckern wuchsen Rüben und Kartoffeln, und um die Heiligenbilder neigten sich Apfelbäume. Und es gab vor allem Zigarrenstummel. Wie ein Hamster trug der Lippi die zu seinem Bau.

Er hatte eine große Sammlung, von der zehrte er noch im Winter. Wenn unten das Bad längst verödet lag, die reichen Leute alle fort waren, dann hockte der Lippi oben auf seinem Laubsack und schmauchte noch ihre Stummelchen in dankbarer Erinnerung. Ein zufriedener Ausdruck verließ nie sein Gesicht.

Aber dies alte, stumpfe, verfurchte, ungewaschene Gesicht konnte sich verschönen in einer wahrhaft verklärenden Heiterkeit, wenn die Kleeäcker rot blühten, die Lupinenfelder goldgelb, die Rübenpflanzungen grünten, das Korn sich in bleichenden Wogen wiegte. Dann wurden die trüben Augen des Lippi so hell. Wie Falken äugten sie in die Ferne, wo auf dem Hochland, tiefblau und duftumflimmert, die Kuppen der Berge sich aufstülpen, wo stille Maare sich im Sonnenschein spiegeln und ernste Wälder ihre Schatten werfen. Und wenn er den Blick von da abkehrte, herunterschaute vom Rande der Lay, dann sah er unten im Tal das Band der Üß sich silbern schlängeln durch Buchenkronen, sich Rasenhänge weich senken, sah weit übers Bädchen hinaus, Höhen und Schluchten, Berge und Täler bis hin zur Mosel, und jenseits dieser den Rücken des Hunsrücks, den die bestellten Felder in hellen und dunklen Vierecken karieren. Dann glänzte in seinem verwitterten Gesicht eine Liebe, wie er sie zu nichts anderem je empfunden hatte. Auch zur Trina nicht. Die war ja tot; kalt wie Eis und steif wie ein Scheit Holz hatte sie auf dem Schragen gelegen. Diese hier aber war ganz und gar lebendig, sah ihn an mit lebendigen Augen, sprach zu ihm mit lebendiger Stimme, nickte ihm zu mit lebendigem Lächeln, so lieb, so vertraut, daß sein altes, langsames Herz schneller zu schlagen begann, daß es klopfte wie das eines glücklichen Kindes, das in die Arme der Mutter eilt. – – –

Der Ortsvorsteher und der Pfarrer besprachen sich über den Lippi, als es wieder einmal anfing, Winter zu werden. Es ging doch nicht an, daß man den alten Mann sich noch so selber überließ; nun er nicht mehr draußen herumstrolchen konnte und die Fremden anbetteln, ging es ihm gar kläglich. Er fiel der Gemeinde zur Last, und die hatte schon Lasten genug. Wenn man ihn doch im Landarmenhaus zu Trier unterbringen könnte!

Aber hiervon wollte der Lippi nichts wissen.

Was wollten sie denn? Ihm ging es ja sehr gut. Er hatte Brennholz, er hatte ein Bett, eine Stube, so weit und leer, daß er Polka drin tanzen konnte, wenn es ihm beliebte; und er hatte seine Zigarrensammlung. »Merci!« Um ihn brauchten sie sich keine Mühe zu machen, er sorgte schon allein für sich. Sie konnten nur gehen und sich um andere kümmern, die es nötiger hatten. –

Aber der Winter wurde diesmal besonders kalt. Ein schneidender Nord schnob alltäglich um die schwarze Lay und schien das Dörfchen, das nackt und preisgegeben bei der Kraterkuppe fror, wegpusten zu wollen. In die leere Stube des Lippi stach der Wind wie ein Schwert, die arme Hütte schien ganz durchlöchert. Ängstlich pfeifend fegten die Mäuse über den kahlen Estrich und suchten sich anderswo Unterschlupf. Das Dach war halb abgeweht, das Sparrenwerk zeigte sein Gerippe.

Dem Lippi klapperten die Zähne. Das Reisig, das die Armen sich sammeln dürfen, machte dieses Jahr gar nicht so warm wie sonst, es flackerte wohl auf, knackte und prasselte, aber die Flamme sank schnell zusammen; bald war nichts übrig als ein Häufchen toter Asche.

Dem Hungrigen fror das Herz im Leibe. Aber um alles in der Welt wäre er nicht an des Pfarrers Küchentür gegangen und hätte sich da eine Suppe geholt. Der Pfarrer war wohl ein guter Mann und seine Suppe machte gut warm, aber – es packte den Lippi förmlich wie Angst – nein, nein, lieber nicht da stehen! Dann würde der Herr Pfarrer wieder sprechen: »Ihr könnt hier nicht bleiben. Ihr sollt mal sehen, zu Trier, da kriegt Ihr es gut!«

Und wenn er da auch alle Tage Kuchen hätte und Braten und roten und weißen Wein – ein Essen, wie die Engel im Himmel es essen – er wollte lieber hier hungern! Der Lippi biß die Zähne aufeinander, daß sie nicht klappern konnten, und krümmte sich unter seinem Laubsack ganz zusammen, zog die Knie herauf bis zum Leib und hielt die zusammengeballten Hände an den Mund. Er pustete hinein, aber sein Odem war wie kalter Rauch; der konnte die erstarrten Finger auch nicht warm machen.

Der einsame Alte wäre eines Nachts schier erfroren; ein Wunder war es, daß er den Tag noch sah. Die Stummelsammlung war aufgeraucht, da ließ sich's der Lippi denn gefallen, daß sie ihn aufpackten und nach Trier spedierten.

Wie in einer Art Betäubung sah er die Lay schwinden und die aufgestülpten Kuppen des Eifelplateaus; sah nicht mehr die Hänge und Schluchten, die sich ineinanderschieben mit Nasen und Buckeln und das Bädchen verschlucken, das ihm die Welt bedeutete. Sah wie durch Nebel jenseits der Mosel den Hunsrück aufsteigen und diesseits noch die Marienburg am Rand des Flusses. Mit verwirrender Schnelligkeit trug ihn dann ein Eisenbahnzug in die Ferne. Er war noch immer nicht recht zu sich gekommen. Ganz stumm, ganz erschrocken saß er auf der Bank im überhitzten Wagen, hielt den Rosenkranz zwischen den Fingern, betete aber nicht. Er konnte nicht beten, er wußte keine einzige Litanei mehr, das Hirn war ihm wie herausgenommen.

Die zu Kenfuß waren froh. Nicht, daß sie den Lippi nicht gern gehabt hätten, der war ein Harmloser, tat keinem was zuleide, aber sie hatten selber nicht viel zu beißen. Nun waren sie beruhigt: der Alte war versorgt.

Es war ein unerhört strenger Winter, und dazu noch ein sehr langer Winter. Erst Ende Mai wurde es grün. Dann aber auch mit einem Mal. Und so schön war es plötzlich, so herrlich, daß selbst der stumpfe Pflüger, wenn er hinter dem Pfluge dreintrottete, sein Gesicht gegen die Sonne hob und mit einer Art Begeisterung empfand: jetzt konnte man der Erde den Schoß aufreißen und hineinsenken, was Nahrung und Segen brachte und das Herz froh machte.

Wie Jubel klang es um die schwarze Lay. Da waren unendliche Flüge von Vögeln, die sie umflatterten, aus dem lichten Äther auf sie herabstießen wie eilende Segensboten. Nur Raubvögel nisten in der brüchigen Wand, aber nach der Stummheit des Winters war ihr Geschrei Gesang.

Eine jubelnde Fröhlichkeit stieg auf aus dem Tale der Üß; aus Fesseln gelöst, schäumend vor Übermut – eine befreite Kraft, ein wiehernder Renner – so stürmte der Wildbach gegen das Bad hinunter. Da waren im Kurhaus erst wenige Läden zurückgelegt, die Tische und Stühle standen noch nicht draußen; aber schon klopften pfeifende Knechte Teppiche und Decken aus, und handfeste Mägde sah man mit Wassereimern laufen. Und aus den geöffneten Türen drang das Geräusch vom Scheuern und Bürsten. Und alles im Takt, im beschwingten Rhythmus der Frühlingsmelodie.

Noch waren die alten Kastanien der Allee, die zum Bade führt, nicht grün; aber fernhin über dem Buchenwald lag's wie ein zarter Schleier, und an den Kehren der Straße, die zum Plateau hinansteigt, blühte allerlei wildes Beerengebüsch und hing weiße duftende Wolken ans graue Gestein. Wo nur ein Rasenfleckchen war, prangte goldiger Himmelschlüssel, von Bienen umsummt. Ein Tönen war in der leichten Luft, eine Musik, von der man nicht wußte, woher sie kam, wohin sie ging; aber sie war da. Und sie erfüllte die Natur mit Siegesklang, mit den Fanfaren nicht endenwollenden Jubels.

Langsam kam ein einsamer Wanderer aufs Bädchen zu. Seinen Stecken trug er über der Schulter, und am Stecken ein Bündelchen; ein bißchen Habseligkeit im baumwollenen Sacktuch. Er hielt den Kopf gesenkt, guckte aufmerksam zur Erde, als suche er etwas. Plötzlich fuhr er herunter; hastig hob er's auf:

ein Zigarrenstummel! Der Lippi lachte übers ganze Gesicht: das hatte er ja kaum zu hoffen gewagt – schon?!

Eine unendliche Zufriedenheit verschönte das verfurchte, ungewaschene, müde Gesicht. Gepriesen sei die heilige Jungfrau, da kam er ja gerade zur rechten Zeit! Der schlorrende Schritt wurde leichter, wie ein Junger marschierte der Alte durchs Bädchen.

Ein paar Kinder, die auf der Straße Murmeln in kleine Erdlöcher kullerten, hielten mitten im Spiel ein; sie schrieen laut auf: »Dän Lippi is widder retur! Lippi, Ziehgaore! Hei sein'r welche!«

Er blinzelte sie freundlich an, er wußte, sie halfen ihm manchmal suchen. Daß sie ihn heute nur neckten, nahm er ihnen nicht übel; und als sie dreist hinter ihm herrannten, ihn am Rockschoß rissen: »Ziehgaore, Ziehgaore, Stinkadores-Lippi,« schüttelte er sie nur sanft ab.

Er hatte es eilig. Die vorige Nacht war er schon gewandert und diesen ganzen langen Tag; es war von Trier barbarisch weit. Aber die Angst, daß einer hinter ihm dreinkommen und ihn wieder zurückholen könnte, hatte ihn immer weitergehetzt. Und noch etwas anderes hatte ihn zur Eile getrieben – jetzt nur noch die Kehren hinan, immer rascher hinauf! Die Arme weit breitend, stieß der alte Mann einen Freudenruf aus: da war sie ja endlich wieder, die Lay!

Von überquellender Glückseligkeit, die seinen alten Körper erschütterte, übermannt, stolperte der Lippi, fiel in die Knie und blieb so liegen, mitten auf der Straße wie ein Betrunkener, mit ausgestreckten Armen. Und Tränen, von denen er nichts wußte – alles Naß war ihm ungewohnt – rannen über sein schmutziges Gesicht und wuschen es.

Nun war er wieder bei ihr. Er war froh. Aber die zu Kenfuß waren nicht so froh. Zur guten Jahreszeit mochte es wohl angehen, da brachte er sich schon noch durch, unten im Bad war seine Geschichte bekannt geworden, die Fremden waren gerührt, sie gaben ihm reichlich. Es geschah sogar, daß ihrer welche heraufgewandert kamen zur Lay, und daß ihre Damen neugierig fragten nach dem alten Lippi. Aber wie sollte es im Winter werden? Da mußte er wieder fort.

Aber daran dachte der Lippi nicht, das fiel ihm gar nicht ein. Nein, o nein, nie, nie kriegten sie ihn wieder von hier weg! Er würde schon nicht noch einmal so dumm sein. Hier blieb er – mochten sie sagen, was sie wollten – hier, hier blieb er!

Nie war es ihm wohler gewesen als jetzt. Mit einem Wonnegefühl räkelte er sich im Chausseegraben. Die Sonne schien so warm, so hell, als könnte sie niemals untergehen. Des Nachts brauchte er auch kaum heim in seine Hütte, meist blieb er draußen und schlief im Tal unter Büschen oder lieber noch oben bei der schwarzen Lay. Da wußte er eine Höhlung, darin war ganz feine Lavaasche, warm vom Sonnenfeuer; da lag es sich besser wie im besten Bett. Das Stroh in seiner Bettstatt hatten ohnedies die Mäuse zermürmelt, und der Laubsack, mit dem er sich zuzudecken pflegte, war abhanden gekommen, er wußte nicht wohin.

Auf leisen Sohlen kam die Nacht aus dem Tal herauf, er hockte oben in seiner Höhlung und sah sie kommen und freute sich auf sie, denn der Tag hatte ihn müde gemacht. Es war doch keine Kleinigkeit, sich so oft zu bücken nach Zigarrenstummelchen. Er fühlte es: die vier Monate zu Trier hatten ihn mitgenommen, da war ihm die Luft knapp geworden, und das Flinksein auf den Füßen hatte er verlernt. Er tat einen so tiefen Atemzug, daß seine Brust erbebte: hah, hier, hier allein war die Luft, in der er atmen konnte!

Es war etwas Inbrünstiges in der Bewegung, mit der der alte Mann bittend seine Hände zusammenlegte. Aber dann kam ein besänftigter Ausdruck in sein unruhig gewordenes, gespanntes Gesicht; mit einem zufriedenen Lachen kroch er vollends in die Höhlung hinein und buddelte sich da tief in die noch warme Asche. Es störte ihn nicht, daß die Fledermäuse über seinem Kopfe flatterten, und ein Nachtvogel mit wimmerndem Schrei aus einer Spalte fuhr. Nah war ihm der Himmel mit den milden Lichtern der Sterne; sie sahen auf ihn herab mit behütenden Augen, und die Dunkelheit schlug ihren Mantel weichdeckend um ihn. Er war ein Kind in der Mutter Schoß. –

– –

Als der erste Windstoß des Herbstes übers Eifelplateau wehte, wurde der Lippi scheu. Seine Augen blinzelten nicht mehr so freundlich, sie guckten von der Seite. Er traute nicht recht. Der Ortsvorsteher hatte nach ihm geschickt, und der Herr Pfarrer hatte ihn so eigen freundlich gefragt: »No, wie geht es Euch denn?« Die wollten ihn wieder weg haben. Aber, oho, jetzt sollten sie's mal versuchen, jetzt war er wieder stark, jetzt war er wieder gesund geworden! Wie ein Bursche, der raufen will, setzte er die Mütze schief aufs Ohr. Was machte es ihm aus, wenn es nun Winter wurde? Fünfundsiebenzig Winter hatte er hier verlebt, er war gewöhnt wie die Ebereschen, die, geduckt vom Wehen, vom Moos langlappig umwittert, an der Chaussee stehen, und doch alle Sommer noch frischrote Früchte tragen. Ganz tückisch konnte der Lippi blinzeln, wenn er den Ortsvorsteher nur von weitem sah. Und wenn er nur einen Zipfel des langen geistlichen Rockes erblickte, fing er an zu rennen.

Der Pfarrer mußte den Lippi schon aufsuchen, wenn er ihn sprechen wollte; es war gar nicht leicht den anzutreffen, er war nie zu Hause. Aber an einem Tage, an dem die Lay dampfte vor Nässe und kalte Schauer aus der Höhe zu Tal gingen, traf er ihn doch.

Der Lippi lag eingewühlt im Stroh seiner Bettlade, unten guckten ihm die nackten Zehen vor, er hatte keine Strümpfe; es war recht erbärmlich. Aber als der Pfarrer in seine Hütte trat, fuhr er schnell aus dem Stroh und stellte sich gerade und drückte die Brust heraus: was, was war denn nun?!

Der Pfarrer sah sich in der leeren Stube um und schauderte. Dann fing er an, dem Lippi zuzureden, er sollte doch lieber wieder ins Landarmenhaus gehen. »Im Landarmenhaus habt Ihr's ja viel besser!«

»Landarmenhaus?!« Der Lippi grinste ganz verächtlich. »Lao gehören *ech* doch net hin!« Landarm waren nur die, die keine Heimat hatten. »*Ech* sein doch net landarm?!« Und dabei blieb er. Es war ihm nicht begreiflich zu machen, daß das Landarmenhaus eine Wohlfahrtseinrichtung sei, eigentlich eine Art Versorgungsanstalt für Bedürftige, Einsame und Alte. Er schüttelte immerfort den Kopf: »Ech sei net landarm – hei, hei is mein

Land. Hei bleiwen ech!« Er kroch wieder in sein Stroh, drehte dem Pfarrer den Rücken und ließ den Mann reden.

Das war ungezogen. Aber der Pfarrer kannte seine Eifler, und er vertröstete den ungeduldigen Ortsvorsteher, der den Bettler so rasch wie möglich abschieben wollte: »Lassen wir's erst mal ordentlich kalt werden, warten wir ab!«

Aber sie warteten vergebens. Der Lippi kam weder an die pfarrhäusliche Küchentür, noch streckte er sonst vor irgend einem Hause die Hand aus. Man wußte gar nicht, wovon er lebte, er ließ sich nirgendwo sehen. Aus dem verfallenen Schornstein seiner Hütte kräuselte sich auch kein Rauch, die Tür war fest verschlossen.

Man hätte ihn schier vergessen, wäre nicht eines Morgens ein Mann atemlos ins Dorf zurückgekommen, der bei der Lay hatte Steine brechen wollen. An der Lay lag ein Mensch, tot, in einer Höhle. Da rannten sie alle hin, gucken.

Der Lippi richtete sich verdutzt auf und rieb sich die Augen, als ein Haufe Menschen auf ihn eindrängte und ihn wach schrie. Was wollten sie denn?!

Er hatte so gut geschlafen. Er war ein wenig steif – ja – doch sonst ganz munter.

Aber barmherzige Seelen ließen ihn gar nicht zu Wort kommen; barmherzige Hände rissen ihn auf, barmherzige Hände führten ihn ins Dorf, und noch barmherzigere Hände schleppten ihn zum Ortsvorsteher.

Der wartete jetzt nicht mehr ab – ach was, der Pfarrer mit seinem Abwarten – der alte Kerl mußte sofort weg!

Als der Lippi sich widersetzen wollte, gab er ihm einen Puff, daß er lang hinfiel. Und als der alte Mann sich wieder aufgekrabbelt hatte, schrie er ihn an: »Dau willst uns woll noch in Mißkredit bringen, dat se mit Fingeren auf uns zeigen öwerall! Sein mir schwarze Heiden, dat mir 'ne Mensch erfriere laoße? Verhungere? Mir sein weiße Christen. Mir duhn uns Schulligkeit. In't Landarmenhaus kömmste. Tutswit – Maul gehaal!«

Und »Maul gehaal!« sagte auch der Gendarm, der den Lippi eskortierte.

Es war eine traurige Fahrt. Wie ein Kalb, das zur Schlachtbank gefahren wird, hatten sie ihn hinten ins Stroh verladen. Er wäre gern heruntergesprungen vom Karren, aber er konnte nicht, er hatte sich die Füße erfroren die letzte Nacht.

Ein Wehen ging über das Hochland, so schaurig und traurig, daß das Herz schwer wurde und müde.

Von den Kuppen der Berge war kein Blau zu sehen, eine Nebelmauer stand zwischen ihnen und Lippi. Aber im Geiste sah er seine Berge, er sah sie winken und die Köpfe schütteln: »Bleibe, bleibe!« Und als er nun in die Tiefe fuhr, in der die Üß, von kalten Herbstgüssen geschwellt, in Kaskaden donnerte, hörte er im wilden Poltern und Fallen seines Baches deutlich ein: »Ho, oho, nicht fort, nicht fort!«

Und über dem Plateaurand hob sich, als er angstvoll den Kopf zurückdrehte, noch einmal die schwarze Lay, sah ihm gerade ins Gesicht, düster fragend: »Wohin gehst du, wohin?« Sie starrte ihn an, er starrte sie an – nun sah er seine Lay gleich nicht mehr!

Da stieß er einen Schrei aus, der an den Talwänden ein Echo wachrief, das schaurig nachgellte: »Ech muß hei bleiwen, hei!« und schickte sich doch an, vom Fuhrwerk herabzuklettern.

Aber der Gendarm saate: »Maul gehaal!« und stupfte ihn wieder nieder ins Stroh.

Der Lippi war richtig im Landarmenhaus abgeliefert worden; da paßten sie nun gut auf, daß er nicht noch einmal fortlief. Er konnte aber gar nicht fortlaufen, selbst wenn ihm Tor und Tür offen gestanden hätten, denn er hatte schlimme Füße. Die hatten Beulen vom Frost, die Beulen waren aufgebrochen und heilten nicht mehr zu; offene Wunden zehrten an der Lebenskraft des Alten.

Er wurde ins Spital gebracht. Es war ihm ganz gleichgültig, wo er lag. Stumpf ließ er alles über sich ergehen, ließ an seinen Füßen schneiden und mit Höllenstein tupfen, und gab kein ›Au‹ von sich.

»Die Füße scheinen schon ziemlich gefühllos,« sagte der Arzt.

Die Nonne, die sie verband, neigte sich mitleidig. Sie hatte ein junges, liebes Gesicht, ein rechtes Muttergottesgesicht, glatt und süß.

Aber der Lippi hatte kein »Merci« für sie; er blinzelte nicht mehr freundlich. Warum hatten sie ihn nicht daheimgelassen, hatten ihn fortgeschleppt in die Fremde? Warum hatten sie ihn zu packen gekriegt, eine unter den Armen, eine unter den Knien, und hatten ihn ins Wasser gehoben in eine Wanne? Er hatte sich gewehrt, was er konnte, gestrampelt, geschimpft – er war doch kein Neugeborener – aber da war noch eine dritte hinzugekommen, die hatte Kräfte wie ein Mannsbild. Und eingetaucht hatten sie ihn bis ans Kinn, untergestupst und dann abgeschrubbert, als wäre er kein Mensch. Nein, zu denen brauchte er kein »Danke« zu sagen.

Was die hier überhaupt wußten! Es waren ja gar nicht die Füße, die ihn krank machten; *das* Weh fühlte er nicht. Da innen, da in der Brust saß es ihm und quälte ihn, daß er schier verging.

Wie mochte es jetzt aussehen oben bei der Lay – regnete es, schneite es, oder lag sie im Sonnenglanz? Wie schön war sie, wenn die Sonnenlichter über ihre schwarze Wand hüpften und aus allen Spalten die Eidechsen lockten! Dann roch das kurze grüne Gras so gut, und auf der Talwiese unter der Lay blühten Blumen, wundersame Blumen, wie goldene Schühlein, die die Elfen verloren haben. Wer da jetzt liegen könnte und sich sonnen! Alle Sträucher trieben, alle Äcker wurden bestellt, der Wald bei der Üß wurde schon ganz grün, unten im Bad klopften sie bereits die Decken aus, nicht mehr lange, und es kamen welche, die sich badeten und auf dem Kurplatz bei der Musik spazierten und Zigarrenstummel wegwarfen. Wer sammelte die nun auf?! Eine ungeheuere Sehnsucht erhob sich in dem Lippi. – –

Zu Trier im Moseltal war's in Wirklichkeit schon Frühling, da kam er zeitiger. Die lieben Nönnchen machten alle Fenster auf, und die junge Schwester Daria mit dem Muttergottesgesicht stellte ihren Kranken blühende Zweige hin. Sie lächelte über den Lippi, der schnitt so eine seltsame Grimasse. Sollte das ein Lachen sein, oder war's ein Weinen? Die Mürrischkeit eines Patienten hatte sie noch nie abgeschreckt; den Strauß so rückend, daß der

Alte ihn recht gut sehen konnte, sagte sie: »Auf der Eifel gibt's nicht so früh Blumen, da ist's arg herb, gelt?«

Da packte es ihn so, daß er ganz fahl wurde im Gesicht.

Sie sah das und nahm es für Zorn. O nein, das wollte sie ja nicht, ihm seine Heimat herabsetzen! Und sie sprach rasch, ihm freundlich zunickend: »Da ist's aber doch schön, gelt?«

Er murmelte etwas. Es klang wie Murren, aber daran störte sie sich nicht. Heiter fuhr sie fort: »Jetzt ist die schönste Zeit im ganzen Jahr, der Monat Unserer lieben Frau. Paßt mal auf, Ihr, abends – aus dem Fenster hinter Eurem Bett könnt Ihr's sehen – hier!« Sie drehte ihm den gesenkten Kopf. »Da brennen jetzt Lichter oben auf der Mariensäule, im Strahlenkranz der heiligen Jungfrau. Den ganzen Mai durch, alle Abend. Und alle Tage gehen jetzt welche auf den Markusberg zur Mariensäule, 's ist der Gnadenmonat. Viele wallfahrten!«

»Ech wallfaohren aach!« sagte er plötzlich, setzte sich mit einem Ruck auf und streckte eins seiner umwickelten Beine aus dem Bett.

Das liebe Nönnchen lachte hell. »Ach was,« sagte sie, packte ihn und stopfte ihn wieder zurück ins Bett. »Ihr könnt ja gar nicht, Alterchen!« Und dann tröstete sie: »Es tut nicht not, daß Ihr da 'naufgeht mit Euren kranken Füß. Wenn Ihr hier vom Bett aus 'naufseht zum Licht und betet Euer Ave, dann ist sie Euch ebenso gnädig als kämet Ihr zu ihr!« Sie machte das Zeichen des Kreuzes:

»Gegrüßet seist du voller Gnaden,
Du liebliche Mutter,
Du wunderbare Mutter,
Du Heil der Kranken,
Du Zuflucht der Sünder,
Du Trösterin der Betrübten!«

Und dann nickte sie dem Alten noch einmal zu und ging an die anderen Betten.

Die folgende Nacht lag der Lippi wach. Er hatte das Licht am Abend brennen sehen, das Gnadenlicht – da fern, da weit –

es war Marienmonat. Da wallfahrteten sie nun! Er seufzte und saß aufrecht im Bett die ganze Nacht. Aus Kenfuß gingen auch immer welche, nach Kloster Springiersbach; und nach Eberhardsklausen gingen sie und nach manchem Kapellchen. Es gab der heiligen Orte ja viele im Land.

Als seine Frau noch lebte, war er mit ihr oft wallfahren gewesen, von allen Weibern hatte sie am lautesten beten gekonnt; sie ging nicht nur für sich alle Jahr, sie ging auch noch für andere. Und alle Jahr hatte er ihr ein Jüngstes nachtragen dürfen, damit sie das stillen konnte auf der Wallfahrt. Oh, es war schön gewesen! Man zog durch bestellte Felder, an Schlehdornrainen entlang; wie weiße Wolken hing's am grauen Gestein der Straße, das Gras an der Lay war wie ein Teppich, und unten im Tal war's bunt von Blumen. Wallfahren, wallfahren! Schon hörte er Singen und Beten.

Es zog ihn förmlich, es lockte ihn. Wie schien die Sonne blank auf die Üß, der Bach war schier Silber und Gold, über dem Buchenwald hing ein grüner Schleier. Jesus Maria Josef, wie lange, wie lange hatte er das nicht gesehen!

Er krümmte die Hände in die schwere Luft des Schlafsaals, die noch dunkel war vom Schwarz der Nacht, als wolle er da etwas greifen. Es verlangt ihn ja so. Wallfahren, wallfahren! Aber dazu muß man gesund sein, muß wieder auf die Füße kommen, damit man laufen kann.

Er mußte doch einmal probieren, ob es noch ging. Vorsichtig schob er das eine umwickelte Bein vom Bett – nun das andere. Ei, das ging ja! Er hätte es sich selber kaum zugetraut, daß er wieder so gut auftreten könnte.

Nun war er schon am nächsten Bett – nun wieder zurück – den schmalen Gang im Schlafsaal hin und her. Jetzt leuchtete ein wenig Morgenrot durchs Fenster und beschien seinen Weg. Behutsam tappte er hin und her; niemand beobachtete ihn, sie schliefen alle, und er unterdrückte jedes Stöhnen, das sich ihm entringen wollte, wenn das Gehen gar so weh tat. Oh, es ging schon ganz gut, ging ganz vorzüglich! Noch ein paar Tage, und er konnte wieder laufen wie ehedem – wallfahren, wallfahren!

– –

Mit einer Willenskraft ohngleichen unterdrückte Lippi das Schmerzgefühl; er verbiß sich alles, er machte ein freundlicheres Gesicht als zuvor.

Es mußte dem armen Alten doch um vieles besser gehen. Schwester Daria sagte: »Seht Ihr, seht Ihr, es tut nicht not, daß Ihr 'nauflauft! Betet nur und schaut auf zu *ihrem* Licht, dann wird's auch so besser!«

Der Lippi bat, aufstehen zu dürfen. Man hätte nicht gedacht, daß es noch einmal so weit mit ihm kommen würde. Nun tappte er am Tage umher in weichen Filzschuhen, groß wie Moselkähne, und stützte sich auf einen Stock. Er schlich sogar eines schönen Morgens in den Spitalgarten hinab, stand vorn am Straßengitter und starrte hindurch. Vorm Spital war ein Plätzchen, da blühten hohe Fliederbüsche, weiße und blaue, ein Rotdorn fing an aufzugehen, und Goldregen goß seinen Reichtum herab. Aber der Lippi sah nicht diese Pracht – was ging ihn *diese* an?!

Weit, weit draußen tauchte etwas anderes auf, das sah er starren Auges. Und es rückte ihm nah und näher. Einen zitternden Seufzer stieß er aus, einen Seufzer der Ungeduld, der unauslöschlichen Sehnsucht. Seine Füße fingen von selber an, sich zu bewegen, unruhig zuckten sie, seine Hände streckten sich verlangend: »Gegrüßet seist du – voller Gnaden – Heil der Kranken – Zuflucht – Trösterin – du liebliche Mutter, du wunderbare Mutter!«

Groß stand sie vor ihm, ganz nahe, nur ein paar Schritte weit weg, gewaltig und doch so liebevoll: sein Heil, seine Trösterin, seine Zuflucht, seine Mutter.

Und sie nickte, sie winkte, sie rief ihn, sie lockte.

Sie zog ihn so mit Allgewalt, daß er seine Schwäche gar nicht mehr fühlte und nicht seine Gebreste.

* * *

Die junge Schwester Daria schloß ihren armen Alten ins Gebet ein. Sie empfahl ihn den Heiligen. Was war denn nur über ihn gekommen, daß er davongelaufen war, er, den man kaum für fähig gehalten hatte, ein wenig herumzutappen?! – –

Sie brachten den Lippi zurück ins Spital nach wenigen Tagen. Bis in seine Heimat war er nicht gelangt, Regen und Schnee waren über ihn gekommen und die kalten Schauer, die die Eifel herabschickt; er war liegen geblieben auf dem Wege zu ihr. Und als er nun wieder auf dem Saal in seinem alten Bette lag, fragte das liebe Nönnchen ihn: warum war er denn weggelaufen?

Da brummte er griesgrämig: »Wallfaohren wollten ech,« drehte sich um nach der Wand und sprach von da ab kein Wort mehr.

Er mochte auch nichts mehr essen und trinken, nur mit Gewalt brachten sie ihm noch etwas bei. Aber *so* konnte das nicht anschlagen.

Er kümmerte wie eine Pflanze, die ihren rechten Boden nicht hat.

Bald ging der Lippi ein.

* * * * *

Unter dem Freiheitsbaum
Kapitel 1

erschienen 1922

Ins Gäßchen »Sieh um dich« läuten die großen Glocken der Stadt. Von der Pellinger Höh' und dem Franzensknüppchen, von dem einst Franz von Sickingen die Stadt beschossen, vom Grünberg durch die traubenbehängten Reihen der Rebstöcke herab dröhnt Kanonieren. Die Trikolore weht. Wehe dem Bürger, aus dessen Fenster nicht Fahnentuch flaggt: blauweißrot! Die Männer tragen die dreifarbene Kokarde am Hut, die Frauen haben sie an die Haube gesteckt.

Auf dem Hauptmarkt, auf dem Domfreihof, vor dem Justizgebäude in der Dietrichsgasse ragt ein Freiheitsbaum – junge, schlanke Eichen von Eifelhöhen. Die unteren Äste sind ihnen abgestutzt, die oberen mit dreifarbenen Bändern umwunden, ihren Wipfel krönt eine Jakobinermütze.

Durchs Gäßchen »Sieh um dich« windet sich ein langer Zug; durch die Glockenstraße, über den Markt, durch die Fleisch- zur Nagelgasse. Munizipalität und Geistlichkeit, Professoren und Studenten, Vorsteher aller Ämter, Lehrer, Zünfte, Schulknaben und -mädchen, hervorragende Bürger und Stadtmusikanten, alle Beamte von Stadt und Umkreis ziehen hinter berittenen Chasseurs zum Dekadensaal. Trompeter blasen schmetternd, Tambours wirbeln dröhnend, Waisenkinder singen gellend. Soldaten zu Fuß, Soldaten zu Pferd; Jungfrauen, bekränzt und in weißen Kleidern, schwenken Rosengirlanden zwischen sich, hohe Herren in schwarzseidenen Mänteln lassen drei lange Federn vom Hute wehen. Viel neugieriges Volk rundherum: Bauern im blauleinenen Kittel der Eifel, Mädchen, im festgeflochtenen, wassergestrählten Haarnest den blanken Unschuldspfeil*. Fremde Gaffer, von denen man nicht weiß, woher und wohin. Dazwischen Männer mit Ziegenbärten, denen man's ansieht, wie sie heißen: Herzchen Rosenblatt, Moyses Mohnsam,

* Abbildung Seite 204

Mendel Löw, Afrom May, Itzig Nudel, Leib Süßkind. Und über allem ein Himmel tiefblau und schwer. –

Trier feierte am 1. Vendémiaire des Jahres V. (22. September 1796) das Fest der Gründung der französischen Republik: Freiheit, Gleichheit, Brüderlichkeit!

Im Dekadensaal, dem einstigen Promotionssaal der Universität, war eine Pyramide errichtet, darauf stand eine weibliche Statue, das Symbol der Republik; sie hielt in der hängenden Rechten das Bündel Stäbe mit dem herausragenden Beil, ihre Linke hob einen Speer empor, an dem die Freiheitsmütze steckte. Huldigend verneigten sich die wie in Prozession an ihr Vorüberziehenden. Aber manch Trierer Auge blickte mit Schaudern. Da stand zur Seite der Republik noch so ein Weibsbild, mit Helm und Lanze, aber sonst nackt, und das streckte gegen einen Priester, der im Ornat zwischen kirchlichen Insignien und heiligen Gefäßen am Sockel der Pyramide zu sehen war, die Zunge heraus, und bacchantische Kinder, splinterfasernackig, trampelten auf dem Kurhut und auf dem erzbischöflichen Kreuz mit dem Pallium herum. O Clemens Wenzeslaus, Kurfürst von Trier, wenn du das sähest! Doch gut, daß du nicht mehr hier bist, dachte manch Trierer Herz.

Man hatte ihm manches verdacht, dem Clemens Wenzeslaus. Wenn der nicht versippt gewesen wäre mit dem französischen Königshaus, nicht allzu gastlich den emigrierten Adel und die verpönte Geistlichkeit Frankreichs im Kurfürstentum aufgenommen, es seinen Neffen, den Brüdern Ludwigs XVI., nicht erlaubt hätte, zu Koblenz einen Hofhalt einzurichten mit allem Trara, wer weiß, ob dann das Land nicht verschont geblieben wäre vom Mißtrauen und der Rache der Republik. Nun mußte man leiden, selber ganz unschuldig, aber Clemens Wenzeslaus, der dicke Hasenfuß, der war geflohen.

Und doch, es hatte sich lange Zeit fröhlich gelebt unterm Kurhut; der Krummstab war ein mildes Zepter gewesen. Weiß Gott, wenn der Clemens Wenzeslaus heute wiederkäme, man würde sich wiederum einspannen vor seinen Wagen anstatt der Pferde, wie im Jahre 93 des alten Kalenders zu Koblenz geschehen war, nach des Kurfürsten Rückkehr von seiner ersten Flucht. Und zärtlich würde man rufen: »Kommen Eure Kurfürstliche Durchlaucht doch wieder in den Schoß Ihrer treuen, nach Höchstihnen sich so innigst sehnenden Untertanen zurück, schenken Höchstsie uns den Segen Höchstihrer Nähe!« Das Volk hatte »Vivat!« geschrien und »noch fufzig Joahr!«

Doch nun war das erst drei Jahre her und alles, alles schon so ganz anders! Man wußte nicht, ob man lieben oder hassen sollte und wo und wen. Wie war auch den Bürgern mitgespielt worden seitdem! Es war nicht einmal im Jahre 92, als die Kaiserlichen mit den Franzosen sich um Trier herumbalgten und von der Pellinger Höh' aus die Stadt beschossen wurde, ganz so schlimm gewesen. Freilich harte Zeit auch da. Das Herz hatte sich dem anständigen Menschen, der sein Vaterland liebte, umgedreht, wenn er's erleben mußte, daß Soldaten, die wie Plundermätze aussahen: die einen in Hüten, die anderen in Kasketen, diese in Pelzmützen, jene in Bauernkappen, mancher im Leinenkittel und viele im Wollenkamisol, wenige nur in regelrechter Uniform, die meisten ohne Strümpfe in durchlöcherten Schuhen, daß die Sieger wurden. Sieger über die Truppen der Österreicher, Preußen und Landeskinder, die, wenig zuvor nur, schmuck wie zum Ball ausgezogen waren in die Champagne zum Spaziergang nach Paris.

Wehe, welche Tage in Triers Mauern! In Nächten, in denen man nicht schlafen konnte, sah man wiederum diese schmucken Truppen ausrücken und dann, wiederkehrend, die Stadt durchflüchten wie irre Träume. Von tausend waren Hunderte tot. Und abermals Hunderte in wenigen Wochen durch strömenden Regen ohn' Unterlaß, durch Hunger und Not zu wankenden Schatten geworden, die aufs Pflaster hinsanken, nicht mehr aufstehen wollten. In »Kranen« schiffte man die Flüchtenden ein; was an Schiffen und Kähnen zu haben war, wurde requiriert. Die Mosel hinab, das war die Losung. Wer noch laufen konnte, lief auf eigene Faust – nur fort, fort! Aber viele Krümmungen macht die Mosel, in unendlichen Windungen umschlängelt der Fluß felssteile Berge von allen Seiten; wer weiß, wie viele, um abzukürzen, die Flußstraße verließen und sich auf unkenntlichen Höhenpfaden verstrickten ins Dickicht noch ungelichteter Wälder und, todmüde dahinstolpernd, verlorengingen in entlegenen Köhlerhütten. Geforscht wurde nach keinem Verlorengegangenen, ein einzelnes Menschenleben war heute so gut wie gar nichts. Blut war in der Mosel und Seuche und Hunger an beiden Ufern und wenig Barmherzigkeit.

Wenn die Bürger Triers ihren Kindern, die dazumal noch am Gängelband geführt wurden, von jenen Tagen erzählten, dann schauten die auch jetzt noch verständnislos drein; sie begriffen gar nicht, warum die Mutter ein Kreuz schlug und ihre Wange sich bleichte. Sie hatten ja das Leben nie anders gekannt: Lärm auf den Straßen, Abteilungen französischer Soldaten, die an die Türen schlugen, auf Leiterwagen davonführten, was sich noch von Schuß- und Hiebwaffen in den Häusern befand, und auch das mit sich nahmen, was einzelne, die geflüchtet waren, bei Verwandten und Freunden von ihren Möbeln und Wertsachen zurückgelassen hatten. Freiheit, Gleichheit, Brüderlichkeit – Todesstrafe für den, der etwas einbehielt von dem, was der Flüchtende ihm anvertraut hatte, auf Freundestreue und Redlichkeit bauend. In den Klöstern und bei den alteingesessenen Familien, da fand sich am meisten. In manchem Patrizierhaus nahm man der alten Mamsell, die treu wie die Hauskatze am Hause hing, ihr Bettzeug weg und dem Diener, der langsam die verschlossene Eingangstür öffnete, die Livree, die er viele Jahre im Dienst seiner Herrschaft getragen hatte. Die Kinder verstanden nicht, wie bitter es tut, vom Altgewohnten zu lassen. Warum weinte die Mutter so schmerzlich, daß sie nicht mehr im Dom in der Muttergotteskapelle ihre Andacht halten konnte? Sie sei es von Kindheit auf so gewohnt gewesen. Nun mußte sie anderswo beten gehen. Viel Auswahl war nicht; im Dom war jetzt ein Furagemagazin, auch Möbel aus dem kurfürstlichen Palast waren dort eingestellt, bis man sie abführte nach Frankreich. Im Palast selber lagen die Soldaten, die die Krätze hatten. Sankt Matthias war Lazarett geworden, seine schöne Glocken hatte man in Stücke geschlagen. In die Dreifaltigkeitskirche hatten die Kommissäre den Wein gelegt, den sie den Klöstern und den Kellern der Ausgewanderten entnommen; siebzig Fuder wurden in einem Monat drin abgestochen. In der Kirche der Karmeliter hatte man der Mutter Gottes ihr kostbares Kleid und den mit Silber bestickten Mantel ausgezogen, ihr statt dessen einen Sack übergestülpt. Im Kloster der adligen Nonnen zu St. Irminen hatten die Franzosen ihr Schlachthaus eingerichtet, in St. Simeon die bleiernen Platten des Daches abgedeckt und St. Martin ausgeplündert. In St. Maximin lagen die großen Statuen der Bischöfe mit der Nase an der Erde, die bunten Glasfenster, von Steinwürfen verletzt, verloren im Windstoß klirrend ein Scheibenstück nach dem anderen. In der Abtei Marien waren die Orgelpfeifen herausgerissen, und mit St. Paulin war's nicht viel besser bestellt. Nach Liebfrauen konnte die Mutter doch noch beten gehen; aber es stolperten immer etliche im hallenden Schiff herum, scharrten mit den Füßen, rauchten und sprachen ganz laut, und das störte sie.

Der Vater ballte die Faust: das war noch nicht das Schlimmste. Aber daß man der Jugend, schon den Kindern in der Schule, die Göttin der Vernunft, ein nackiges Weibsbild, vorsetzen wollte an Stelle »Unserer Lieben Frau«, das war Ärgernis ohnegleichen. Man sah's ja, wohin solcher Unglaube führte. Mägdlein, die sonst ganz sittsam gewesen, setzten ihre Kinder hinter Hekken und Zäunen ab, fahrendes Volk gaukelte auf allen Märkten, mit den Bänkelspielerinnen in kurzen Röcken trieben ehrsamer Bürger Söhne sich herum. Ein Volk ohne Religion ist ein Volk ohne Sitte; nichts auf der Welt kann dem simplen Herzen seinen Herrgott ersetzen.

Oh, und die Angst, die man ausgestanden hatte, vor den durchziehenden befreundeten Truppen nicht minder als dann vor den feindlichen! Der Krieg nimmt, wo er kann, und was er kann; man hatte gegeben, aber alles Geben hörte doch einmal auf. Ja, als die Emigrierten mit ihren geflüchteten Schätzen ins Land gekommen waren, die Marquis, die Marquisen, hohe Geistliche und adlige Nonnen, als die ihr Gold, Edelsteine, Perlen, Brillanten, eingelegte Waffen, kostbares Pelzwerk und Kleider zu Geld machten und für die Wohnung, die man ihnen einräumte, reichlich zahlten, da war jedermann gut bei Kasse gewesen. Man hatte ordentliche Preise genommen zu Trier. Aber seit die Patrioten, wie die Republikaner sich nannten, die Emigranten geächtet hatten, daß die nur in wenigen verborgenen Winkeln sich aufzuhalten getrauten, als Todesstrafe darauf stand, wer einen Emigrierten bei sich aufnahm, da war die beste Erwerbsquelle verlorengegangen. Denn die Assignaten, mit denen die Republikaner zahlten, waren nichts weiter als dreckiges Papier; nicht einmal echt waren die immer.

Und doch sollte man zahlen, mußte zahlen; die Kontribution von drei Millionen Livres, die Bourbotte, der Repräsentant des französischen Volkes, der Stadt und den besetzten benachbarten Ortschaften auferlegt hatte, wurde eingetrieben eins, zwei, drei. Klang es nicht wie Hohn, wenn es in der Proklamation von Bourbotte also hieß: »In Erwägung, daß die französische Republik, indem sie den Bewohnern der durch ihre Armeen eroberten Länder Schutz und Sicherheit gewährt, begründete Rechte hat, von ihnen den Zoll der Dankbarkeit zu fordern, den sie dem großmütigen Verfahren einer Nation schulden, die weit davon entfernt ist, die Rechte auszuüben, die der Krieg den Siegern anheimgibt – sie will ihre Macht nur gebrauchen, um die königlichen Unterdrücker zu zerschmettern, diese Geißeln der Welt – und in weiterer Erwägung, daß, wenn die französische Nation auf all die Vorteile Verzicht leistet, welche sie von ihrem Sieg in dem Kurfürstentum Trier ziehen könnte, so ist sie jedoch genötigt, sich wenigstens für ihre Kosten und Auslagen zu entschädigen, die die Unterhaltung der Armeen, deren sie bedarf, um die Frechheit der Tyrannen im Zaum zu halten, erfordert.«

Gnade, Gnade, woher soviel nehmen?! Es wurde in den Häusern zusammengeschrappt, was sich noch an Werten darin befand: Bargeld, Hypothekenbriefe, altes Familiensilber, eingemauerte Weine, Schmucksachen, Porzellane, Bilder, Samte, Uhren, Pelze, Seidenstoffe. Alles wurde hervorgeholt, und es reichte doch nicht. Trommler gingen durch die Stadt: binnen vierundzwanzig Stunden mußte die Kontribution bezahlt sein, die Munizipalität von Trier haftete mit dem Kopfe dafür. Der letzte Sparpfennig wurde hingegeben, die letzte Hosenschnalle. –

Aber das Schlimmste, das Unerträglichste, das kam doch jetzt: man mußte Feste mitfeiern, die einem nicht Feste waren. Man mußte mitjubeln und hätte doch fluchen mögen. Aber still, um Gottes willen still, daß keiner ein Murren hört! Das Gesicht in zufriedene Falten gelegt, daß niemand einem ansieht, wie es innen würgt! Vorsichtig schaute mancher ehrsame Mann sich um: überall lauerten jetzt Spione, es gab Leute genug, die sich nicht scheuten, den Angeber zu spielen, nur um ein Sündengeld vom Kommissär. Tiefer wurden die Diener vor den zwei nackenden Weibern.

Es wurde viel geredet heute im Dekadensaal, französisch, deutsch und wieder deutsch und französisch.

»Despotismus, Knechtschaft, Unterdrückung, Finsternis hinter uns – Freiheit, Gleichheit, Menschenrechte und Aufklärung vor uns!«

»Krieg den Palästen, Friede den Hütten!«

»Der Kampf zwischen Licht und Finsternis, zwischen Tugend und Laster, zwischen Freiheit und Knechtschaft ist zu Ende, hell strahlt die Zukunft der neuen Menschheit!«

Die neuen freiheitlichen Einrichtungen seien in der Tat ein unvergleichliches Glück, versicherte auch Triers Bürgermeister. Ein wenig ängstlich blickte der Herr, aber desto lauter erhob er die Stimme: ein unvergleichliches Glück! Und wem verdankte man das Glück dieser Befreiung? Den tapferen Truppen, die man den Vorzug hatte, in Triers Mauern zu beherbergen. Damit gab er den beiden Demoisellen, die er rechts und links neben sich stehen hatte, ein Zeichen, und diese schönsten Jungfrauen der Stadt, die eine mit nachtschwarzem Scheitel, die andere blond wie die Sonne, nahmen die Lorbeerkränze, die sie auf dem Haar trugen, ab und bekrönten damit zwei Soldaten, die man bereitgestellt hatte aus dem Militärhospital.

Die Musik setzte ein, schmetternde laute Musik. Aller Hände erhoben sich. Der Kommissär nahm den Eid ab: »Ich schwöre Treue der Republik.«

Dann Gesang eines Liedes:

»Heut jauchzet wonnetrunken
Mein freies Vaterland.
Es lag in Nacht versunken
Am schweren Sklavenband.

Da riß die schwarze Wolke:
Des Thrones Pfeiler sank –
Dem großen Frankenvolke
Den wärmsten Kindesdank!«

Unter Absingung dieses Liedes, das ein Trierer Bürger gedichtet hatte, drängte alles aus dem stickigen Dekadensaal, in dem noch die ganze Septemberhitze brütete, hinaus ins Freie. Es ging durch die Neue Straße über die Weberbach gegen das Alttor.

Da war ein königlicher Thron aufgestellt, mit Purpur und Gold reich behängt. Soldaten zu Fuß, Soldaten zu Pferd stürmten gegen ihn und schossen und stürmten wieder an, bis vier im Gebüsch versteckte Mann, verborgene Seile in Händen, die dem goldenen Thronsessel um die Füße geschlungen waren, ihn umrissen. Er stürzte polternd zusammen – so soll es allen Thronen ergehen! Mit Bajonetten und Kolben schlugen die Soldaten auf die letzten Trümmer ein. Pauken und Trompetengetöse. Alles Volk schrie: »Nieder mit den Tyrannen! Es lebe die Republik!«

Das Lärmen betäubte die Ohren. Heute gab's was zu sehen. Seit das Gepränge der Prozessionen mit blumenstreuenden Engelchen, mit Lämmchen tragenden Jungfrauen, mit teppichbelegten Straßen, mit Musik und Gesang, mit purpurnen Baldachinen, mit rauschenden Fahnen, mit süßen Marienbildern und segnenden Heiligen, mit Glöckchengeklingel und Weihrauchdüften nicht mehr stattfinden durfte im frommen Trier, hatte man soviel nicht zu sehen bekommen.

»Schad um's Thrönche, daß es is kapores«, wisperte leise Herz Rosenblatt aus Reil an der Mosel dem Moyses Mohnsam aus Briedel zu. »E schönes Stück!« Sie hatten beide dasselbe Geschäft: mit allem zu handeln.

»Nu«, wisperte Moyses Mohnsam ebenso leise, zog die Schultern hoch und wiegte den Kopf: »Lasse mir nur erst fort sein die Gojim. Wann mir werde sein hier tout seuls, werde mir schon noch eppes finde vom Thrönchen.«

Im Gebüsch am Tor niedergekauert, warteten die beiden Juden geduldig, bis auch der letzte von der Menge verschwunden war. Die verlief sich bald, gab's doch heute noch mehr zu sehen; am

Nachmittag Tanz und Musik in allen Wirtshäusern, Konzert und Ball für die feinen Leute, am Abend Freudenfeuer auf der Eurener Höhe. Der Galgen, der bei Dorf Euren jenseits der Mosel stand, sollte verbrannt werden, zum Zeichen, daß es nun vorbei war mit der alten Herrschaft im Lande.

Abbildung eines sogenannten Unschuldspfeils, 185 x 25 mm.
Diesen Pfeil trugen junge Mädchen in den Haaren, um auf ihre Jungfräulichkeit hinzuweisen. (Foto: Peter Kämmereit)

Clara Viebig im Rhein-Mosel-Verlag

Clara Viebig war eine der meistgelesenen Autorinnen ihrer Zeit. Ihre Werke werden vom Rhein-Mosel-Verlag wieder aufgelegt:

»Das Weiberdorf«
»Vom Müller Hannes«
»Die goldenen Berge«
»Heimat«
»Einer Mutter Sohn«
»Naturgewalten«
»Unter dem Freiheitsbaum«
»Das Kreuz im Venn«
»Kinder der Eifel«
»Prinzen, Prälaten und Sansculotten«
»Die Wacht am Rhein«
»Die heilige Einfalt«
»Berliner Novellen«

(Alle Bücher auch als eBook erhältlich)

Clara-Viebig-Gesellschaft und Clara-Viebig-Pavillon e.V. Bad Bertrich

Die Dichterin Clara Viebig (geboren 1860 in Trier – verstorben 1952 in Berlin) gehörte um die Jahrhundertwende zu den meistgelesenen deutschen Autoren. Die Kritik geizte nicht mit Lob, pries sie als »deutsche Zolaïde« und stellte sie auf eine Stufe mit Gerhard Hauptmann und Thomas Mann. Heute ist das umfangreiche Werk, das aus über 30 Romanen, Novellen und Dramen besteht, in der Öffentlichkeit kaum mehr bekannt. Und bei denen, die sie und ihr Werk noch kennen, ist ihr Ansehen oft durch Klischees und Vorurteile herabgesetzt.

Diesen Zustand zu verbessern, hat sich die Clara-Viebig-Gesellschaft zum Ziel gesetzt. Clara Viebigs Werk soll durch Neuausgaben, durch Sammlung von Primär- und Sekundärliteratur, durch die Einrichtung eines Archivs und einer Bibliothek, durch Ausstellungen, Vorträge und Seminare der Öffentlichkeit wieder bekannt gemacht werden.

Informationen:

Clara-Viebig-Gesellschaft und Clara-Viebig-Pavillon e.V. Bad Bertrich
Kurfürstenstraße 21, 56864 Bad Bertrich
Tel.: 06542/963331, Fax: 06542/61158
clara-viebig@r-m-v.de - www.clara-viebig-gesellschaft.de